AF142815

À tous ceux qui cherchent…

Passeport pour

Des Principes & des Lois

« Ou comment vivre dans la Grâce en marchant dans la sanctification ? »

Mikaël REALE

Illustration : **Mare Nostrum Project**
© 2019 Mikaël REALE/VLED

Edition : BoD—Books on Demand
12/14 rond-point des Champs Elysées
75008 Paris
Imprimé par BoD – Books on Demand, Norderstedt

ISBN : 9782322109135

Dépôt légal : Janvier 2019

Avant-Propos

Depuis mes premiers pas dans l'église à ma conversion en 1984, jusqu'à aujourd'hui, j'entends des gens s'opposer les uns aux autres sur une question qui ne semble jamais obtenir de réponse. Sommes-nous appelés en tant que chrétien, à suivre la loi, et dans quelle mesure ? Qu'il s'agisse de la « loi biblique » ou des lois des hommes d'ailleurs.

J'ai vu toutes sortes de tendances en la matière. Les plus légalistes qui voudraient voir les chrétiens retourner au judaïsme. D'autre si libéraux pour qui le message de l'hyper grâce semble être le seul acceptable en ce qui concerne ceux qui sont sauvés… Certain vont même jusqu'à demander que la grâce s'applique au diable et à ses démons ? Dieu n'est-il pas pur amour ?

Aujourd'hui, toutes les nuances semblent représentées entre ces deux extrémités et je vois régulièrement les gens prendre position de façon véhémente pour telle ou telle « nuance de gris » … Cela pourrait prêter à sourire si ça n'entraînait pas tant de division au sein du corps de Christ.

Il y a peu encore, j'animais un séminaire sur le thème « Des Principes & des Lois » à l'île de la Réunion. Une personne scrutait chacune de mes paroles avec attention.

Je recommande toujours aux gens d'éprouver ce que tout prédicateur dit, à l'aulne de la Bible, mais là, il était évident que la motivation était de me reprendre dès que possible pour discréditer l'ensemble de ce que je pouvais apporter.

Et en effet, au milieu de ma prédication, cette personne s'est écriée qu'elle n'était pas d'accord. Mais dans son désir (frustré ?) de trouver quelque chose à redire, elle a sauté sur la première occasion qui, hélas pour elle, n'était pas la bonne et elle s'est sentie un peu stupide devant tout le monde.

En écrivant ce livre, je ne veux ni choquer une sensibilité ou une autre, ni même vous imposer un « la bible dit » qui souvent ne reflète que notre interprétation de ce que nous lisons dans la parole de Dieu.

Je veux encore moins laisser à penser que celle-ci est subjective et que chacun peut faire ce qu'il entend tant qu'il se sent confortable avec lui-même.

Mon propos, ici, est de rechercher les principes éternels que Dieu nous a communiqués dans la Bible afin que nous les mettions au mieux en application dans nos vies. Car être disciple de Christ implique que nous sachions ce que Dieu attend que nous fassions évoluer dans nos modes de vies et de pensées.

C'est pourquoi je vous invite à prier et à lire ce livre avec un cœur ouvert à ce que l'Esprit veut nous dire. Retenez ce qui est bon, et mettez-le en œuvre.

Mettez de côté ce que vous ne comprenez pas, en attendant que vous puissiez vous faire une opinion. Enfin, refusez ce qui ne vous convainc pas, car ce qui ne vient pas d'une conviction est un péché.

Mais surtout, ne vous sentez pas offensé, cela n'en vaut pas la peine.

Cordialement,

Mikaël Réale

Définitions des mots.

Avant d'aller plus loin, examinons quelques définitions des mots « loi » et « principe » dans leurs acceptations communes. J'ai pris pour cela un dictionnaire ordinaire, en l'occurrence la version Internet du Larousse.

LOI :

> ➢ Prescription établie par l'autorité souveraine de l'État, applicable à tous et définissant les droits et les devoirs de chacun.
>
> ➢ Ensemble des règles juridiques, des prescriptions, des lois : *Nul n'est censé ignorer la loi.*
>
> ➢ Définition de la loi selon Périclès : « *Toute délibération en vertu de laquelle le peuple assemblé décrète ce qu'on doit faire de bien ou non ; ce que le pouvoir qui commande dans un État ordonne, après en avoir délibéré* ».
>
> ➢ Règle de conduite, conventions établies par les membres d'un groupe, par la morale ou la vie sociale, etc. : *Les lois de l'hospitalité. La loi de la jungle.*

PRINCIPE :

> Ce qui est à l'origine de quelque chose, qui en est la cause première : *Dieu est le principe de toute chose.*

> Proposition fondamentale, loi, règle définissant un phénomène dans un domaine d'études : *Principe d'Archimède.*

> Base sur laquelle repose l'organisation de quelque chose, ou qui en régit le fonctionnement : *Classement établi sur le principe de l'ordre alphabétique.*

> Proposition fondamentale, hypothèse qui sert de base à un raisonnement, qui définit un mode d'action : *Si je pars du principe qu'il n'est jamais en retard, son absence est inquiétante.*

> Règle définissant une manière type d'agir et correspondant le plus souvent à une prise de position morale : *Je refuse toujours ce genre d'invitation, c'est un principe.*

> Élément constitutif de quelque chose : *Quel est le principe actif de ce produit ?*

> Point, fait, position définissant l'essentiel, la base de quelque chose : *Être d'accord sur le principe d'une négociation.*

> Connaissance, recherche des principes (métaphysique, philosophie). Fondement, origine, source. Origine première d'une chose ; début absolu. Synonyme de commencement. Principe et fin de toute

chose : *Dès le principe. Dès le début, dès le commencement.*

> À l'idée de commencement s'ajoute l'idée de causalité. Principe immatériel, supérieur, suprême, unique, universel ; le principe des choses, de l'être, du monde, de l'univers. *... Dieu source de tout être, comme premier principe des choses ; source de toute vérité, comme lumière intellectuelle des créatures raisonnables ; source de toute moralité, comme bien suprême et fin dernière des mêmes créatures.* Théologie catholique.Tome 4, page 1108.

En étudiant ces deux définitions, nous pouvons en tirer une première conclusion. Les lois sont le produit de réflexions et de décisions humaines, alors que les principes émanent de quelque chose de bien plus universel, que ce soit physique (Archimède) ou métaphysique (Concept de Dieu).

Nous pourrions nous demander pourquoi avons-nous besoin de loi si nous avons les principes ?

La loi est la règle qui tend à faire vivre notre idéal de justice. Même dans une société bien organisée, il existe des mésententes et des conflits entre les gens. La loi prévoit un moyen pour résoudre ces situations de façon pacifique. Elle sert essentiellement à instaurer une vie sociale harmonieuse en fonction du contexte dans lequel on vit.

Il semble alors important à comprendre que la loi quelle que soit la définition qu'on en donne est profondément déterminée par son contexte historique et par celle des sociétés dans lesquelles elle a vocation à s'appliquer. Il est évident par exemple que lorsqu'on établit une loi, le but est de gérer une situation concrète et contextuelle, dans le temps et dans le lieu où la loi sera promulguée. Le législateur ne va pas travailler sur une loi visant à l'obligation de déneiger les trottoirs à l'île de la Réunion ! Il ne réfléchira pas non plus à une loi pour réglementer la collecte des noix de Coco sur la voie publique en Norvège, bien que le changement climatique nous obligera peut-être à changer cela un jour…

Il n'y a eu des lois établies sur les espaces aériens des nations que le jour où l'homme a été en mesure de se déplacer dans les airs.

En un mot, cela revient à dire que la loi est appelée à évoluer avec le temps et les circonstances, contrairement aux principes qui eux sont immuables. Son but est de comprendre et d'appliquer les principes dans un environnement défini.

Cela étant dit, nous pouvons nous pencher ensemble sur la question qui se pose aux chrétiens : sommes-nous appelés à vivre sous la loi transmise à Moïse il y a environ 3200 ans ou selon les principes que Dieu a établis depuis toute éternité ?

Qu'en est-il de la loi de Dieu ?

« La loi de l'Éternel est parfaite, elle restaure l'âme ; le témoignage de l'Éternel est véritable, il rend sage l'ignorant. Les ordonnances de l'Éternel sont droites, elles réjouissent le cœur ; les commandements de l'Éternel sont purs, ils éclairent les yeux ».

Psaume 19 : 8-9

En lisant ces textes, il est évident que la loi de Dieu semble une bonne chose pour quiconque l'applique. Le but de Dieu lorsqu'il l'a donné à son peuple était de le bénir.

Je vais emprunter à Herbert PAGANI, pour illustrer mon propos, son Plaidoyer pour ma terre : « ... Le judaïsme a été le premier à créer le Shabbat, jour du Seigneur, c'est-à-dire le jour de repos hebdomadaire obligatoire. Vous imaginez la joie des pharaons, toujours en retard d'une pyramide ! Le judaïsme interdit l'esclavage. Vous imaginez la sympathie des Romains, les plus importants grossistes de main-d'œuvre gratuite de l'Antiquité ! Il est dit dans la Bible : "La terre n'appartient pas à l'homme, mais à Dieu." De cette phrase découle une loi, celle de la remise en question

13

automatique de la propriété foncière tous les 49 ans. Vous voyez l'effet d'une loi pareille sur les papes du Moyen Âge et les bâtisseurs d'empire de la Renaissance » !

Toutes ces lois sont bonnes et justes lorsqu'on en comprend le sens et lorsque l'on se laisse envahir par les principes divins et par l'amour de Dieu pour sa création.

Prenons quelques exemples concrets et essayons de découvrir les principes qui y sont attachés.

Le Shabbat.

Le Shabbat (hébreu : שבת – qui signifie : cessation) est le jour de repos assigné au septième jour de la semaine juive, le samedi, qui commence dès la tombée de la nuit du vendredi soir.

Le principe d'un jour saint, consacré à Dieu au détriment des occupations quotidiennes, a été adopté dans toutes les religions abrahamiques.

Les premiers chrétiens, des Juifs suivant les enseignements de Jésus Christ, avaient conservé le Shabbat. C'est dans les communautés d'origine païennes en particulier à Antioche et à Rome que le dimanche fut déclaré le « Jour du Seigneur » et où l'on commencera à célébrer la mort et la résurrection du Christ. Pour beaucoup d'auteurs chrétiens, c'est, sous le règne de Constantin, une adaptation du « Dies Solis (jour du soleil) païen ». Cela s'étendra peu à peu à toutes les Églises sous l'autorité de l'Église de Rome.

Le désir de « déjudaïser » le christianisme est un aspect marquant de l'institution de l'église romaine d'état. Déjà, dans la deuxième partie du IIe siècle, l'évêque de Rome Victor Ier[1] tentera d'excommunier les églises d'Asie qui continuaient à célébrer Pâques, le même jour que les Juifs.

---

[1] Victor Ier fut, selon la tradition catholique, le 14e évêque de Rome1, c'est-à-dire le 13e successeur de saint Pierre au souverain pontificat. Il était d'origine berbère.

Pourtant, il semble que la Torah veut nous enseigner, combien grave est le dommage causé aux valeurs de la foi et de la nation par celui qui profane le Shabbat ! En effet, il est fait mention dans le livre des Nombres au chapitre 15 : 32-36 d'un évènement qui nous paraîtra peut-être extrême.

« Les enfants d'Israël étaient dans le désert. Or ils trouvèrent un homme qui ramassait du bois le jour du Shabbat. Ceux qui l'avaient trouvé ramassant du bois le firent approcher de Moïse, d'Aaron et de toute l'assemblée. On le plaça sous bonne garde, car ce que l'on devait lui faire n'avait pas été expliqué. L'Éternel dit à Moïse : "Il mourra ; que toute l'assemblée le lapide en dehors du camp." Toute l'assemblée le fit sortir hors du camp, et on le lapida, et il mourut, comme l'Éternel l'avait ordonné à Moïse ».

Une belle avancée sociale que le Shabbat ! Personne ne voudrait remettre en question l'idée même du repos hebdomadaire. Je suis sûr que tous les syndicaux de France accepteraient une « union sacrée » pour défendre cela !

Par contre, il ne viendrait à l'idée d'aucun d'eux de lapider celui qui travaillerait pendant son jour de repos. Ce n'est certainement pas une chose que l'on pourrait appliquer aujourd'hui, autrement on finirait en prison. De plus, cela nous semblerait un tant soit peu démesuré. Non ?

Et pourtant, il s'agit bien de la même « loi », régie par un texte précis de la Parole de Dieu.

« *Vous observerez le sabbat, car il sera pour vous une chose sainte. Celui qui le profanera sera puni de mort ; celui qui fera quelque ouvrage ce jour-là sera retranché du milieu de son peuple* ». Exodus 31 :14

C'est sur la base de cette fameuse loi que les pharisiens voudront faire mourir le Seigneur Jésus. « *À cette époque, un jour de sabbat, Jésus traversait des champs de blé. Comme ses disciples avaient faim, ils se mirent à cueillir des épis pour en manger les grains. Quand les pharisiens virent cela, ils dirent à Jésus : regarde tes disciples : ils font ce qui est interdit le jour du sabbat ! Il leur répondit : n'avez-vous donc pas lu ce qu'a fait David lorsque lui et ses compagnons avaient faim ? Il est entré dans le sanctuaire de Dieu et il a mangé avec eux les pains exposés devant Dieu. Or, ni lui ni ses hommes n'avaient le droit d'en manger, ils étaient réservés uniquement aux prêtres. Ou bien, n'avez-vous pas lu dans la Loi que, le jour du sabbat, les prêtres qui travaillent dans le Temple violent la loi sur le sabbat, sans pour cela se rendre coupables d'aucune faute ? Or, je vous le dis : il y a ici plus que le Temple. Ah ! si vous aviez compris le sens de cette parole : Je désire que vous fassiez preuve d'amour envers les autres plutôt que vous m'offriez des sacrifices, vous n'auriez pas condamné ces innocents. Car le Fils de l'homme est maître du sabbat. En partant de là, Jésus se rendit dans l'une de leurs synagogues. Il y avait là un homme paralysé d'une main. Les pharisiens demandèrent à Jésus : a-t-on le droit de guérir quelqu'un le jour du sabbat ? Ils voulaient ainsi pouvoir l'accuser. Mais il leur répondit : supposez que l'un de vous n'ait qu'une seule brebis et qu'un jour de sabbat, elle tombe dans un trou profond. Ne la tirera-t-il pas pour l'en sortir ? Eh bien, un homme a beaucoup plus de valeur qu'une brebis ! Il est donc permis de faire du bien le jour du sabbat. Alors il dit à l'homme : étends la main ! Il la tendit et elle redevint saine, comme l'autre.*

Les pharisiens sortirent de la synagogue et se concertèrent sur les moyens de faire mourir Jésus ».

Comprenons bien qu'en aucun cas dans cette histoire, Jésus n'a remis en question le principe du Shabbat lorsqu'il déclare : « *le Fils de l'homme est maître du sabbat* ».

Ce qu'Il explique, c'est que ces gens n'ont rien compris à ce que le Shabbat était véritablement. On est pleinement dans ce que Paul déclarera un jour aux Corinthiens : « *car la lettre tue, mais l'Esprit vivifie* ». La lettre était en train de tuer dans le cœur de ces hommes le principe même du Shabbat.

Au-delà des notions de permis et d'interdit, le Shabbat est surtout considéré comme un jour hors du temps et des contingences matérielles, un jour durant lequel on doit se concentrer sur sa famille et sur son Dieu en l'adorant. Cela permettant de nous ressourcer, de prendre un temps particulier afin de ressouder les liens en bénissant son épouse, ses enfants, sa communauté.

Maintenant, si son « principe » est clair dans la bible, comment appliquer notre Shabbat qui n'y est pas décrit particulièrement ?

Il y a évidemment la tradition juive qui a édicté plusieurs centaines de règles concernant le Shabbat, mais celle-ci est-elle à suivre par celui qui est en Christ ?

L'application de ces règles nous conduit parfois dans des aberrations tant pratiques que spirituelles.

L'ascenseur « sabbatique » qui s'arrête à tous les étages, évitant aux gens d'appuyer sur les boutons d'appel et les minuteries qui évitent d'utiliser les interrupteurs, car il est interdit d'apporter une touche finale aux objets « la dernière finition, le dernier coup de marteau », ce qui inclut également le fait de fermer un circuit électrique (sic). Le téléphone, tout comme la radio, la télévision et tout ce qui fonctionne à l'électricité tombent sous cette catégorie. Plus de voitures non plus ! Doit-on aussi arrêter son « Pace Maker » quand on est cardiaque ???

Il n'est permis de porter que ses vêtements. Comment porter les clés de chez soi ? Certains religieux ont trouvé la solution en les « incorporant », par exemple en les attachant à leur ceinture, de sorte qu'elles soient considérées comme des vêtements.

Avec tout le respect que je dois à ceux qui pratiquent ainsi leur Shabbat, il faut reconnaître une certaine hypocrisie à tout ça. On est loin de l'esprit du Shabbat.

Par contre, le fait de respecter un jour par semaine, que celui-ci soit le samedi, le dimanche, ou le mardi, afin de prendre ensemble un repos hebdomadaire, de louer Dieu et de bénir autour de nous, demeure un principe auquel tout chrétien devrait se soumettre.

Quand je vois les gens refuser de s'assembler chaque semaine pour célébrer Dieu et la communion fraternelle, sous prétexte de ne pas être religieux, je ne comprends pas.

Paul nous le dit : « *Veillons les uns sur les autres pour nous encourager mutuellement à l'amour et à la pratique du bien. Ne prenons pas, comme certains, l'habitude de délaisser nos réunions. Au contraire, encourageons-nous mutuellement, et cela d'autant plus que vous voyez se rapprocher le jour du Seigneur.* » Hébreux 10 : 24-25.

Autre chose maintenant, si un jour précis, quel qu'il soit, n'est pas défini d'un commun accord, comment faisons-nous pour nous assembler ? Depuis quelques années je vois les gouvernements chercher à abolir le principe du repos dominical au profit du repos hebdomadaire. Autrement dit, plus de distinction entre les jours du moment où les salariés ont droit à deux jours de congé. Il parait que cela aiderait l'économie via la consommation.

Maintenant, je doute qu'un salarié qui touche 1200 euros par mois dépense plus si on lui donne l'occasion de faire ses courses 7 jours sur 7 plutôt que 6 jours sur 7 !

Mais si l'on met cette idée en pratique, on pourrait bien vite avoir : Papa de repos mardi et mercredi ; maman ce serait jeudi et vendredi et les enfants samedi et dimanche… Comment fait-on pour passer un moment en famille ? Sans parler de se réunir en tant qu'église ?

Je peux vous garantir que Satan ne veut pas que nous entrions dans le repos (Shabbat) de Dieu ! Il connaît trop bien les enjeux de ce principe !

Les dîmes.

Depuis qu'il existe, l'argent déchaîne les passions, divise, ruine des vies. Au commencement instrument permettant d'échanger de façon pratique des biens et des services, il est vite devenu le moyen d'accéder à toutes sortes de convoitises. On ne compte plus les drames liés à l'argent…

Quand on arrive à Christ, on pourrait espérer que les choses soient différentes, mais il semble que les choses demeurent les mêmes que lorsque Paul écrivait à son ami : « *Car l'amour de l'argent est racine de toutes sortes de maux. Pour s'y être abandonnés, certains se sont égarés très loin de la foi, et se sont infligé beaucoup de tourments* ». 1 Timothée 6 : 10

Les témoignages de personnes victimes au sein de l'église de manipulation, on pourrait même dire de racket, demeurent hélas trop nombreux et certain utilisent ces exemples d'abus pour justifier de ne plus donner, mais plutôt que de débattre sur ces dérapages, posons-nous la bonne question :

Qu'est-ce que le Seigneur attend de nous ?

Pour beaucoup, la réponse sera plus qu'évidente. On doit donner la dîme parce que Malachie 3 : 10 déclare : *« Apportez à la maison du trésor vos dîmes et vos offrandes »*.

Pour d'autres, c'est une loi et donc, étant sous la grâce, nous ne sommes pas appelés à nous y soumettre ! *« La Loi a donc été notre Pédagogue pour nous amener à Christ, afin que nous soyons justifiés par la foi. Mais la foi étant venue, nous ne sommes plus sous le Pédagogue »*. Galates 3 : 24-25.

Ce sujet continue à alimenter des débats houleux dans les milieux chrétiens. Mais pour moi, la question de la dîme dans l'église est une fausse question théologique qui amène la division et la confusion dans le Corps de Christ. En vérité, elle ne devrait même pas se poser, en tout cas sous cette forme. Personnellement, je donne parce que je veux voir le Royaume de Dieu aller de l'avant ! Un point c'est tout !

Quand nous étudions l'intendance financière de l'Église primitive, nous voyons les saints des premiers siècles donner avec joie, selon ce qu'ils ont résolu dans leur cœur, 2 Corinthiens 9 : 7 : *« Que chacun donne comme il l'a résolu en son cœur, sans tristesse ni contrainte ; car Dieu aime celui qui donne avec joie »*.

Et aussi selon leurs moyens, *« Que chacun de vous, le premier jour de la semaine, mette à part chez lui ce qu'il pourra, selon sa prospérité, afin qu'on n'attende pas mon arrivée pour recueillir… »* 1 Corinthiens 16 : 2.

Clairement, les dons de toutes sortes dans le Nouveau Testament ne sont pas liés à un système légal comme l'était la dîme de l'Ancien Testament.

Les chrétiens d'alors donnaient pour aider d'autres croyants, les veuves, les orphelins, l'église de Jérusalem faisant face à une famine, aussi bien que pour soutenir les ouvriers apostoliques, leur permettant de voyager et d'implanter des églises, de faire avancer le Royaume.

Un des témoignages les plus exceptionnels de l'Église primitive concerne la façon dont le libéralisme des chrétiens agissait envers le pauvre et l'indigent. C'est ce qui étonnait ceux du dehors, aussi bien à Jérusalem que dans toutes les nations comme en témoigne le philosophe romain Claude Galien[2], qui en observant la libéralité au sein de l'Église primitive eut une parole impressionnante : « Voyez comment ils s'aiment les uns les autres. »

---

[2] Claude Galien, né à Pergame en Asie mineure en 129 et mort vers 216, est un médecin et philosophe grec de l'Antiquité qui exerça la médecine à Pergame et à Rome où il soigna plusieurs empereurs.

Cependant, cela remet-il en question le principe de la dîme ? La première chose que l'on peut constater, en étudiant le sujet, c'est que le principe de la dîme est antérieur à la loi, tout comme celui du mariage ou celui du Shabbat. Il ne semble donc pas approprié de l'écarter pour la raison qu'il serait purement légaliste.

La première fois qu'elle est mentionnée dans la Bible dans Genèse 14.18, Abraham, donne la dîme de son butin au roi de Salem qui est une typologie du sacerdoce royal de Jésus Christ, Souverain Sacrificateur, non selon l'ordre d'Aaron (la loi), mais de Dieu (Psaume 110,4).

Dans son épître aux Hébreux 7 : 2-4, Paul reprend cet évènement. « *... À qui aussi Abraham donna-t-il la dîme de tout le butin ? D'abord, Melchisédech signifie roi de justice, de plus, il était roi de Salem, c'est-à-dire, roi de paix... Or considérez combien est grand celui à qui Abraham le patriarche donna la dîme du butin* ».

Il y a là un premier principe ; celui d'honorer celui qui nous est supérieur et en l'occurrence qui nous vient directement de Dieu, le Roi de Paix ! Je suis toujours agacé lorsqu'au moment de demander une offrande, on nous explique tous les frais engagés et combien c'est difficile de les couvrir ! Une offrande est là pour honorer celui qui doit l'être, et par là même, celui qui l'a envoyé.

Abraham voulait honorer Melchisédech, parce que celui-ci était non seulement le Roi de Salem, donc à son avis supérieur à lui-même, mais plus encore, il était le prêtre du Très Haut ! Ce faisant, Abraham honorait le Dieu que Melchisédech servait !

Le deuxième principe qui régit la dîme est celui de la semence. Dieu nous l'explique entre autres à travers le prophète Malachie 3, « *Mettez-moi de la sorte à l'épreuve, dit l'Éternel des armées. Et vous verrez si je n'ouvre pas pour vous les écluses des cieux… Toutes les nations vous diront heureux, car vous serez un pays de délices, dit l'Éternel des armées* ».

C'est la seule fois dans la Bible où Dieu nous demande de le mettre à l'épreuve. Il exprime ici une notion de causalité que certains voudraient remettre en question, mais qui est sous-jacente à toute la bible, ancien et nouveau testament : « **Chaque action entraîne une réaction** ».

Quand un agriculteur sème du blé, de l'orge ou du maïs dans son champ, les semences sont les mêmes que celles qu'il utilise pour se nourrir. Il doit mettre à la fin de l'hiver, quel que soit ce qu'il reste dans son grenier, ses semailles de côté. S'il ne le fait pas, il n'aura rien à semer et rien à récolter, la famine assurée.

Il en est de même pour nous. Quand Dieu nous a imposé les lois relatives aux dîmes, son but était que nous découvrions par l'expérience ce principe de la semence. Il nous a « forcés » à être bénis ! Une fois le principe découvert, expérimenté, accepté, nous devions être en mesure de l'appliquer sans qu'une loi ne nous force à le faire !

Reprenons une dernière fois le texte de Malachie : *« Car vous me frustrez et vous dites : en quoi t'avons-nous frustré ? Dans les dîmes et les offrandes »*.

En fait, je crois que la frustration dont Dieu parle dans Malachie vient du fait que notre incompréhension des principes tels que la dîme nous empêche d'être bénis à la pleine mesure de son amour pour nous.

Dieu serait-il assoiffé de nos richesses ?!? Non seulement nous devrions lui donner 10 % de tous nos revenus, mais plus encore, Il voudrait des offrandes !

Mes amis, Dieu n'a pas besoin de nous pour finir ses fins de mois, croyez-moi ! S'il attend de nous que nous allions au-delà de l'obéissance à la loi, c'est parce que lui aussi désire aller plus loin dans les bénédictions qu'il nous octroie.

Si l'agriculteur de notre exemple précédent sème peu, il récoltera peu ! Si par contre, quitte à se sacrifier quelque temps, il décide de semer beaucoup, alors sa récolte sera abondante, et d'année en année, il prospérera, car il aura toujours plus à semer.

« Sachez-le, celui qui sème peu moissonnera peu, et celui qui sème abondamment moissonnera abondamment ». 2 Corinthiens 9 : 6 : Eh oui, c'est bien là un verset du Nouveau Testament ! Dieu est le Dieu de la multiplication ! Plus vous Lui donnez de semences, plus Il vous la multipliera.

Lisons ensemble 1 Rois 17, 12 à 16 : *« Et elle répondit : L'Éternel, ton Dieu, est vivant ! je n'ai rien de cuit, je n'ai qu'une poignée de farine dans un pot et un peu d'huile dans une cruche. Et voici, je ramasse deux morceaux de bois, puis je rentrerai et je préparerai cela pour moi et pour mon fils ; nous mangerons, après quoi nous mourrons. Élie lui dit : Ne crains point, rentre, fais comme tu as dit. Seulement, prépare-moi d'abord avec cela un petit gâteau, et tu me l'apporteras ; tu en feras ensuite pour toi et pour ton fils. Car ainsi parle l'Éternel, le Dieu d'Israël : la farine qui est dans le pot ne manquera point et l'huile qui est dans la cruche ne diminuera point, jusqu'au jour où l'Éternel fera tomber de la pluie sur la face du sol. Elle alla, et elle fit selon la parole d'Élie. Et pendant longtemps elle eut de quoi manger, elle et sa famille, aussi bien qu'Élie. La farine qui était dans le pot ne manqua point, et l'huile qui était dans la cruche ne diminua point, selon la parole que l'Éternel avait prononcée par Élie »*.

Cette femme donne, non pas de son superflu, ni même de son nécessaire. Elle donne ce qui lui est immédiatement vital ! Elle fait cela parce qu'elle a foi dans la parole d'Élie dans lequel elle a reconnu l'Esprit de Dieu. Cette « foi » est LA FOI que Dieu honore. Dieu a dit, donc je n'ai rien à craindre.

À combien plus forte raison, nous qui avons non seulement le témoignage de la fidélité de Dieu relatée dans toute la Bible, mais plus encore, le Saint-Esprit en nous qui nous atteste l'amour de ce Dieu qui nous a adoptés, devons-nous mettre notre foi en action.

Lorsque nous donnons ce qui nous est vital, nous donnons notre vie. Alors nous pouvons dire comme Jésus lui-même : *« Il n'y a pas de plus grand amour que de donner sa vie pour ses amis »*. Jean 15 : 13.

Quel merveilleux témoignage d'amitié nous offrons alors à notre Seigneur Jésus ! Revenant en cela au premier principe, celui d'honorer le Seigneur.

Le dernier principe, qui est aussi le plus pragmatique, est celui de l'avancement du Royaume de Dieu. Or, pour que le Royaume de Dieu aille de l'avant, il faut que des ouvriers se lèvent et se mettent au service du Royaume. Dans l'Ancien Testament, ces ouvriers touchaient un salaire pour leur service. Il s'agissait des dîmes. Nombres 18 : 21. *« Je donne comme possession aux fils de Lévi toute dîme en Israël, pour le service qu'ils font, le service de la tente d'assignation ».*

En fait, le principe de la dîme était relativement simple. Si onze tribus donnaient 10 % de ses revenus à une douzième, cette dernière avait le même revenu global que les onze autres et lui permettait ainsi de se consacrer à l'œuvre de Dieu. Un principe d'équité.

Si aujourd'hui nous sommes tous d'accord sur le fait que le ministère repose sur l'ensemble du corps de Christ, il n'en demeure pas moins que certains sont appelés à être des ouvriers à plein temps, tout comme les lévites de l'Ancien Testament. Si Jésus a demandé à ses disciples de prier le Maître de la moisson d'envoyer des ouvriers (à plein temps ?) Mat 9 : 37, c'est qu'il y a en effet besoin de ces ouvriers.

Quand certains prétendent que le principe de la dîme ne concerne que l'Ancien Testament, tout comme celui des ouvriers à plein temps, ils devraient relire ce verset que nous venons de citer et celui-ci en particulier. 1 Timothée 5 17-18 : *« Que les anciens qui dirigent bien soient jugés dignes d'un double honneur, surtout ceux qui **travaillent** à la prédication et à l'enseignement. Car l'Écriture dit : « tu n'emmusselleras point le bœuf quand il foule le grain. Et l'ouvrier mérite son salaire ».*

L'avancement du Royaume de Dieu devrait être notre première motivation concernant dîmes et offrandes. Nous devrions y participer, libres de toutes pressions, en fonction de nos moyens et avec une joie immense, en nous sentant honorer de participer ainsi à l'œuvre du Seigneur.

Le Mariage.

Il est basé sur un certain nombre de principes.

Le premier d'entre eux est clairement exprimé par Dieu, dans Genèse 2 : 18 : *« L'Éternel Dieu dit : il n'est pas bon que l'homme soit seul, je lui ferai une aide qui soit son vis-à-vis »*.

Selon une enquête de la Fondation de France, 5 millions de Français souffriraient de la solitude. « Un sentiment pesant et douloureux qui ne toucherait plus seulement les personnes âgées, comme on pouvait le penser, mais aussi les jeunes… En effet, l'isolement conduit bien souvent à la dépression, elle-même menant régulièrement au suicide… On sait qu'en raison de l'effritement des relations de voisinage dû à un flagrant repli sur soi, les gens dans la rue se croisent sans plus se parler. À l'époque où les personnes multiplient les contacts via les réseaux sociaux, il semblerait que le sentiment profond de solitude gagne de plus en plus de personnes dans la vie non virtuelle. En effet, le lien semble rompu avec l'autre et il est alors très difficile de créer un lien. Un délabrement social qui joue sur le moral des gens[3] ».

---

[3] Source Fondation de France/ Radio VL

Personne ne remet en question qu'il est plus que difficile pour l'être humain d'être seul. Il a besoin d'un vis à vis, tout comme Dieu à l'image de qui il a été créé. Sans ce vis-à-vis il dépérit et son état psychologique se détériore rapidement. La mise à l'isolement est une forme de « torture douce » des plus utilisée.

Le second de ces principes, n'en déplaise au lobby homosexuel, est qu'il ne peut concerner que deux personnes de sexes différents.

En effet, avant qu'il puisse y avoir un premier mariage, il a fallu que Dieu sépare l'humain (Adam, entité sans genre) en deux êtres différents et complémentaires. Genesis 2:21 : « *Alors l'Éternel Dieu plongea l'homme dans un profond sommeil. Pendant que celui-ci dormait, il prit une de ses côtes et referma la chair à la place* ». En hébreu, le mot traduit par côtes se traduit aussi par côté. Dieu a séparé le côté masculin du côté féminin pour en faire deux êtres distincts. La femme n'est pas un sous-produit de l'homme ! Ils sont égaux ! En hébreu homme se dit « ish » et femme « isha ». Celui que la Bible nomme Adam n'est pas l'homme en tant que représentant mâle de l'espèce humaine, c'est l'humain en tant que principe. Adam a été façonné avec la poussière (Adama). Au moment de la création de la femme, Adam va se nommer lui-même du nom de Ish, la partie masculine de l'humain, et il va nommer sa partie féminine Isha. Genesis 2 : 23 : *« alors l'homme s'écria : voici bien cette fois celle qui est os de mes os, chair de ma chair (pas juste une côte). Elle sera appelée femme (Isha), car elle a été prise de l'homme (Ish) »*.

En créant la femme à partir du côté féminin d'Adam, Dieu permet à Adam de ne plus être seul, mais pas en le mettant face à lui-même comme devant un miroir. Un miroir nous renvoie notre propre image c'est pourquoi il ne peut-être notre vis à vis, car nous sommes toujours seuls face à nous-mêmes. Nous avons besoin de « quelqu'un d'autre », différent, mais qui toutefois partage la même nature que nous ! Ish et Isha sont les vis-à-vis l'un de l'autre, sur un pied d'égalité, d'une même nature, mais en même temps différents.

Même si de nombreux gouvernements donnent le nom de mariage aux unions d'homosexuels, il n'en demeure pas moins qu'elles ne le sont pas au regard des principes, autant ceux de la nature que ceux de Dieu.

Le troisième principe est que dans le mariage, l'homme et la femme redeviennent un. Genesis 2 : 24 : *« c'est pourquoi un homme se séparera de son père et de sa mère et s'attachera à sa femme, et les deux ne feront plus qu'un »*.

Ce faisant, le mariage leur permet de redevenir pleinement à l'image de Dieu ! Je suis convaincu qu'un couple uni dans le ministère révèle bien plus du caractère de Dieu qu'un homme ou une femme célibataire, que leur célibat soit volontaire ou forcé.

Vu l'enjeu, il n'est pas étonnant de voir Satan s'acharner sur le mariage. Dès le commencement il cherche à le détruire en mettant l'inimitié entre Adam et Ève, et ça n'arrêtera plus jusqu'à nos jours. Il le présentera comme futile dans la littérature, au cinéma où l'adultère est présenté comme une vertu. Il le dénaturera avec le mariage homosexuel. Il l'interdira à ceux qui voulaient servir Dieu, créant des frustrations et des scandales à répétition, etc…

Le couple et la famille sont l'ADN de l'Église. Le mariage, en tant que principe fondamental établi par Dieu, est appelé à être un témoin puissant de qui est le Seigneur dans ce monde !

Connaissant les enjeux, Dieu va instaurer dès le départ des lois relatives au mariage.

Deutéronome 7 : 3-4 : « *Tu ne contracteras point de mariage avec ces peuples, tu ne donneras point tes filles à leurs fils, et tu ne prendras point leurs filles pour tes fils ; car ils détournaient de moi tes fils, qui serviraient* d'autres dieux, et la colère de l'Éternel s'enflammerait contre vous : il te détruirait promptement ».

Lévitique 18 : 17 « tu n'épouseras ni la fille de son fils, ni celle de sa fille, car elles sont ses proches parentes et ce serait une infamie. Tu ne prendras pas pour autre épouse la sœur de ta femme, car tu provoquerais des rivalités entre elles en ayant des relations avec la sœur, tant que ta femme est en vie ».

Proverbes 5 : 18-21 : « Que ta source soit bénie, et fais ta joie de la femme de ta jeunesse, biche des amours, gazelle pleine de grâce : Sois en tout temps enivré de ses charmes, sans cesse épris de son amour. Et pourquoi, mon fils, serais-tu épris d'une étrangère, et embrasserais-tu le sein d'une inconnue ? Car les voies de l'homme sont devant les yeux de l'Éternel, qui observe tous ses sentiers ».

Lévitique 20 : 10 « Si un homme commet un adultère avec une femme mariée, s'il commet un adultère avec la femme de son prochain, l'homme et la femme adultères seront punis de mort. Si un homme couche avec la femme de son père, et découvre ainsi la nudité de son père, cet homme et cette femme seront punis de mort : leur sang retombera sur eux. Si un homme couche avec sa belle-fille, ils seront tous deux punis de mort ; ils ont fait une confusion : leur sang retombera sur eux. Si un homme couche avec un homme comme on couche avec *une femme, ils ont fait tous deux une chose abominable ; ils seront punis de mort : leur sang retombera sur eux.*

Comme pour le Shabbat, toutes ces lois sont là pour nous rappeler combien catastrophique sera le dommage causé aux valeurs de la foi et de la nation par celui qui profane l'aspect sacré du mariage ! Mais pourriez-vous envisager aujourd'hui, puisque *"c'est écrit"* de poursuivre les adultères pour les lapider ? Ou encore, attendre les homosexuels à la sortie de chez eux pour leur donner la mort ?

Si vous répondez oui à cette question, cela signifie premièrement que vous dormirez bientôt en prison, et deuxièmement que vous n'avez pas bien compris ce qu'est l'Évangile !

Dans son évangile, Jean nous relate une situation intéressante : *"Tout à coup, les spécialistes de la Loi et les pharisiens traînèrent devant lui une femme qui avait été prise en flagrant délit d'adultère. Ils la firent avancer dans la foule et la placèrent, bien en vue, devant Jésus. Maître, lui dirent-ils, cette femme a commis un adultère ; elle a été prise sur le fait. Or, dans la Loi, Moïse nous a ordonné de lapider les femmes de ce genre. Toi, quel est ton jugement sur ce cas ? En lui posant cette question, ils voulaient lui tendre un piège, dans l'espoir de trouver quelque prétexte pour l'accuser. Mais Jésus se baissa et se mit à écrire du doigt sur le sol. Eux, ils insistaient, répétant leur question. Alors il se releva et leur dit : que celui d'entre vous qui n'a jamais péché lui jette la première pierre ! Puis il se baissa de nouveau et se remit à écrire sur le sol. Après avoir entendu ces paroles, ils s'esquivèrent l'un après l'autre, à commencer par les plus âgés, laissant finalement Jésus seul avec la femme, qui était restée au milieu de la cour du Temple. Alors Jésus leva la tête et lui dit : eh bien, où sont donc passés tes accusateurs ? Personne ne t'a condamnée ? Personne, Seigneur, lui répondit-elle. Alors Jésus reprit : Je ne te condamne pas non plus. Va, mais désormais, ne pèche plus".*

Jésus ne revient pas sur le côté sacré du mariage. Ses mots sont : *"Va, mais désormais, ne pêche plus".* Autrement dit, je ne te condamne pas, mais arrête de déshonorer le mariage.

C'est en substance ce qu'il explique lorsqu'il dit dans Matthieu : *"N'avez-vous pas lu que le créateur, au commencement, fit l'homme et la femme et qu'il dit : C'est pourquoi l'homme quittera son père et sa mère, et s'attachera à sa femme, et les deux deviendront une seule chair ? Ainsi ils ne sont plus deux, mais ils sont une seule chair. **Que l'homme donc ne sépare pas ce que Dieu a joint.** Pourquoi donc, lui dirent-ils, Moïse a-t-il prescrit de donner à la femme une lettre de divorce et de la répudier ?*

Il leur répondit : c'est à cause de la dureté de votre cœur que Moïse vous a permis de répudier vos femmes ; au commencement, il n'en était pas ainsi. Mais je vous dis que celui qui répudie sa femme, sauf pour infidélité, et qui en épouse une autre, commet un adultère".

Dans ce passage, Jésus réaffirme le côté sacré du mariage, et par la même occasion nous montre quelque chose de primordial. La loi mosaïque est loin d'être parfaitement en accord avec les principes divins. Nous verrons cela en détail un peu plus loin. En attendant, Jésus nous rappelle : *"Que l'homme ne sépare pas ce que Dieu a joint."*

Nous pourrions prendre ainsi de nombreux autres exemples au-delà des trois que nous avons vus dans ce chapitre. Mais je pense que l'idée est saisie et je vous invite à avoir cette démarche pour toutes les questions que vous pourriez vous poser.

Maintenant, allons plus loin en méditant sur...

La loi du Père

Quand une loi est promulguée, elle prévoit toujours les sanctions qui seraient prises à l'égard de ceux qui l'enfreindraient. Nous pouvons déduire que si *"La loi de l'Eternel est parfaite"*, Psaume 19 : 8, la sanction prévue envers les contrevenants l'est tout autant puisque ses jugements sont conformes aux exigences de Sa Sainteté : *"Il juge le monde avec justice, Il juge les peuples avec droiture"*. Psaumes 9 : 9

Est-il logique dès lors de vouloir appliquer la loi de Dieu qui est juste, en remettant en question la sanction qui l'est aussi ?

Jésus, en refusant d'appliquer à la femme adultère la sanction prévue par la loi, ne désobéit-il pas lui-même à la loi ?

En fait, comme le dit Paul, Jésus est justement venu pour accomplir la loi. Le salaire du péché, c'est la mort, et mort il devait y avoir. Jésus est donc venu pour donner sa vie.

"Lui qui a porté lui-même nos péchés en son corps sur le bois, afin que morts aux péchés nous vivions pour la justice ; lui par les meurtrissures duquel vous avez été guéri". 1 Pierre 2 : 24

Dieu aurait-il pu trouver une autre façon de nous sauver ?» La réponse est oui, certainement. Dans sa sagesse infinie, il aurait pu avoir d'autres projets pour nous éviter d'être séparé de lui pour l'éternité et pourtant il a choisi le sacrifice du Christ. Et voici pourquoi la substitution pénale a été le choix de Dieu.

➢ *Dieu est juste.*

Puisqu'elle garantit l'ordre moral, la justice de Dieu, ne peut pas sous peine de se renier elle-même, laisser impuni le péché ou ne pas englober le pécheur dans ce jugement de condamnation. Nous l'avons vu plus haut, Romains 6 : 23 nous dit que *« Le salaire du péché, c'est la mort »*.

➢ *Dieu est miséricordieux.*

« … mais le don gratuit de Dieu, c'est la vie éternelle en Jésus-Christ notre Seigneur ».

Parce que Dieu est aussi miséricordieux qu'il est juste, il a trouvé un moyen d'être fidèle à ces deux aspects de son identité. Cependant, il ne pouvait demander à quiconque, si ce n'est lui-même, de se substituer à notre place sur la croix. Son sacrifice est la seule chose qui permettait que nous ayons librement accès à la grâce et au pardon.

En fait, il ne pouvait y avoir propitiation (détournement de la colère de Dieu) sans qu'il y ait eu également expiation (annulation du péché). Les deux sont indissociables.

Christ est un sacrifice d'expiation pour le pardon des péchés et il détourne la colère de Dieu en étant un sacrifice propitiatoire.

Cette colère, juste et sainte, exigeait que justice soit faite ! Mais Dieu choisit par amour pour nous d'en payer Lui-même le prix ; à travers Son fils Il subit la punition au nom de ceux qui placent leur foi en Lui. « *Oui, Dieu a tant aimé le monde qu'il a donné son Fils, son unique, pour que tous ceux qui placent leur confiance en lui échappent à la perdition et qu'ils aient la vie éternelle* ». Jean 3 : 16

Pourquoi alors ne suivons-nous pas le conseil de notre Père céleste ?

Moi d'abord !

Ou lorsque l'on ne comprend pas les principes.

« *Tu les as suppliés d'obéir de nouveau à ta loi. Mais dans leur orgueil, ils n'ont pas écouté tes commandements. Ils ont désobéi à tes règles, et pourtant, elles donnent la vie à ceux qui les respectent. Ils n'ont rien voulu comprendre, ils ont fermé leur cœur, ils ont refusé de t'écouter* ».

Néhémie 9 : 29

L'obtention du bonheur est un, si ce n'est le souhait, le plus partagé au monde. Être heureux est le but ultime, souvent avoué, de chacun d'entre nous.

Bien que peu de gens puissent en donner une définition, les façons d'atteindre ce fameux « Bonheur » semblent aussi multiples qu'elles sont plus ou moins efficaces.

Cette recherche est tellement fondamentale dans la pensée moderne qu'elle figure dans des écrits fondateurs de la démocratie telle la déclaration d'indépendance des États unis. « Tous hommes sont créés égaux, ils sont doués par le Créateur de certains droits inaliénables ;

parmi ces droits se trouvent la vie, la liberté et la recherche du bonheur. »

Ce texte exprime les valeurs des « Lumières » qui sont les fondements des droits de l'homme et de la démocratie authentique, mais notre société qui s'en réclame a vite fait de les oublier.

Le bonheur reste dans l'esprit de tous, l'ambition ultime. Et cette recherche sans compromis du bonheur immédiat a conduit les hommes à se détourner des principes de Dieu qui étaient justement donnés pour nous conduire au bonheur.

Pourtant, il semble que le bonheur pourrait se nuire… à lui-même ! Les auteurs d'une récente étude, publiée dans « Perspectives on Psychological Science », et explorant les conséquences que peut avoir le bonheur, l'affirment : **ce dernier ne devrait pas être considéré comme universellement et intrinsèquement bon.**

En pratique, tous les types et degrés de bonheur n'apportent pas forcément les mêmes satisfactions. La recherche du bonheur ne devrait donc pas toujours être considérée comme prioritaire, ni même souhaitable, dans les cas où elle mène les gens à se sentir encore moins bien qu'avant.

June Gruber[4] nous rappelle ainsi que la poursuite d'un but heureux peut se retourner contre soi. Ainsi, les gens qui recherchent le bonheur à tout prix et pour eux-mêmes peuvent en définitive se sentir encore moins bien que lorsqu'ils ont commencé cette recherche.

L'explication se trouverait dans les attentes déçues : quand une personne ne se sent pas aussi heureuse qu'elle l'eût prévu ou attendu, c'est finalement l'effet inverse qui se produit sur le sentiment global et diffus de bonheur.

Enfin, un bonheur systématique peut être le signe d'un déficit en émotions négatives (tristesse, culpabilité, honte), ce qui paradoxalement, n'est pas aussi enviable que cela paraît de prime abord.

Comme nous le voyons souvent dans la pratique de la relation d'aide, les émotions négatives sont des indicateurs utiles pour les relations affectives et sociales. Par exemple, la culpabilité nous rappelle de nous comporter correctement envers d'autres personnes, la peur empêche de prendre des risques inutiles, etc. Aussi, les émotions négatives font tout autant partie que celles positives, d'une vie normale.

Elles sont les messagers qui nous informent de situations bien réelles auxquelles il est utile de faire face.

_____

[4] June Gruber est professeure adjointe de psychologie et directrice du Positive Emotion and Psychopathology Laboratory.

Si nous tuons le messager, sous prétexte que celui-ci n'est pas agréable, avant qu'il ne délivre son message, nous ne pourrons pas réagir à la situation qui risque d'empirer.

Les auteurs de l'étude rappellent que depuis plusieurs années déjà, la psychologie a découvert le moteur principal du bonheur.

Le vecteur le plus pertinent de ce sentiment n'est ni l'argent ni la reconnaissance à travers le succès ou la célébrité. Il est plus simplement lié à la capacité d'avoir et d'entretenir des relations sociales signifiantes. La recherche du bonheur pour soi (c'est à dire égoïstement) se fait souvent, pour ne pas dire toujours au détriment des autres.

Pas étonnant que les dix paroles de Dieu que nous avons définies comme commandement, en dehors de nous rappeler qui est Dieu nous indique comment bien vivre ensemble !

La meilleure façon d'atteindre le bonheur semble avant tout d'arrêter de se soucier de l'atteindre pour soi ! Il est préférable de dépenser son énergie à nouer et améliorer les liens sociaux et affectifs qui représentent le véritable fond d'une vie heureuse !

Il nous revient de méditer cette question : « **Et si le bonheur se trouvait, mais ne se recherchait pas** » ?

Revenons à notre déclaration d'indépendance des États unis. Elle pose comme préambule l'égalité de tous les hommes et leurs droits inaliénables, droit que les USA s'empressent de refuser aux noirs et aux Indiens afin de pourvoir au bonheur cupide d'une poignée de blancs.

Il en va de même « des lumières » qui resteront pour leurs champions, des discussions de salon plus que des actes concrets.

Encore aujourd'hui, ne sommes-nous pas adultères à cette « Déclaration universelle des droits de l'homme » dans laquelle nous nous drapons lors des grand-messes républicaines ? Nous la jetons aux orties dès que nous devons vendre, à des pays totalitaires, nos Airbus afin d'assurer prospérité et bonheur égoïste à la France ?

Mais est-ce que cela nous rend plus heureux ? Permettez-moi d'en douter. Alors qu'une étude montre que depuis plusieurs années la Norvège est le pays le plus prospère au monde, une autre étude la montre dans le peloton de tête des pays consommateurs d'antidépresseurs !

Pourtant, le niveau de vie, de confort, de richesse devrait-il pas au moins contribuer au bonheur ?

Je pense que cela dépend de ce que nous faisons de tout cela. J'ai eu l'occasion si souvent dans mon ministère de voir des gens qui malgré toutes leurs possessions ne semblaient jamais atteindre ce bonheur qu'ils convoitaient tant. Et d'autres, dépourvus de tout, qui affichaient en permanence leur joie de vivre et de partager.

La source de leur bonheur était qu'ils avaient compris qu'il y a plus de bonheur à donner qu'à recevoir !

Là encore les études démontrent, comme nous l'avons vu, que c'est dans l'interaction sociale que nous trouvons accomplissement, valorisation et bonheur. Pour dire cela autrement, c'est quand j'apporte à l'autre du bonheur que je me sens vraiment heureux.

Abordons maintenant ce principe dans un cadre plus spirituel.

La clé du bonheur, c'est : « *Voici mon commandement : aimez-vous les uns les autres, comme je vous ai aimés* ». Jean 15 : 12

On a parlé des « Dix Commandements », les 10 Paroles de Dieu que Dieu a données afin que si nous nous y plions, nous puissions trouver le bonheur !

Se pourrait-il alors que le commandement ultime de Christ, dans Jean 13 : 34 : « *Je vous donne un commandement nouveau : aimez-vous les uns les autres ; comme je vous ai aimés, vous aussi, aimez-vous les uns les autres* soit la clé du bonheur ? Qu'en effet il y ait plus de joie à donner qu'à recevoir. Serait-il possible que le fait de faire passer les autres avant soi nous amène une joie incomparable ?

Un jour, un jeune homme de notre assemblée m'a expliqué qu'il nous quittait parce ce qu'il avait le sentiment de ne plus rien recevoir parmi nous. Il se sentait frustré et donc malheureux. Il reconnaissait avoir beaucoup reçu, ces dernières années, mais maintenant il devait aller plus loin s'il voulait continuer à recevoir. Ce qui semblait être pour lui une évidence m'a beaucoup attristé, car j'aime énormément ce jeune homme et je souffrais de le voir partir. Je me suis consolé en me persuadant que si je ne pouvais plus rien lui apporter, en effet il valait mieux qu'il aille ailleurs.

Cependant, après quelques jours de réflexion, je me suis posé la question différemment. Est-il logique de quitter une assemblée sous prétexte qu'elle ne nous apporte plus suffisamment (à notre goût) ? Ne serait-il pas plus logique de se poser la question de rechercher ce que je peux apporter à l'assemblée ?

La question mérite d'être posée. Sommes-nous appelés à recevoir toute notre vie et à devenir des consommateurs des dispensations de Dieu ? Si nous sommes en permanence dans une démarche de consommation, nous passons forcement à côté du plan de

Dieu qui est pour nous de devenir des collaborateurs de son Royaume.

Dieu n'attend-il pas de nous que nous lui rendions un culte ? Que nous nous détournions de nos idoles (la plus grande de toutes étant notre ego) pour le servir lui le Dieu vivant !

On comprend alors ces versets qui nous encouragent à subir des injustices plutôt que d'être un mauvais témoignage. La Bible nous invite à nous réjouir d'être battus pour l'évangile et même à donner notre vie pour le Royaume de Dieu et de considérer cela comme un honneur. Paul va jusqu'à considérer que notre mort nous serait un avantage !

Mais tout cela nous demande une maturité que nous ne voyons, hélas, que très peu dans l'église aujourd'hui, particulièrement en occident.

Il nous faut alors grandir !

L'apôtre Jean nous parle de cette évolution dans son épître : 1 Jean 2 : 12-13 : « *Mes petits-enfants, je vous écris, parce que vos péchés vous sont pardonnés par son Nom. Pères, je vous écris, parce que vous avez connu celui qui est dès le commencement. Jeunes gens, je vous écris, parce que vous avez vaincu le malin. Jeunes enfants, je vous écris, parce que vous avez connu le Père. Pères, je vous ai écrit, parce que vous avez connu celui qui est dès le commencement. Jeunes gens, je vous ai écrit, parce que vous êtes forts, et que la parole de Dieu demeure en vous, et que vous avez vaincu le malin esprit* ».

Il est dans la logique de l'être humain de parcourir les étapes de sa vie aussi bien physiques, affectives que spirituelles. Quand ce parcours ne se fait pas, on parle alors en psychiatrie de déficience !

L'apôtre Paul lui aussi nous parle de cette nécessité de grandir spirituellement et d'atteindre une maturité en adéquation avec ce que nous avons reçu. Il est surpris de la lenteur de l'évolution spirituelle des gens, quand ce n'est pas de leur régression. Hébreux 5 : 11-12 : «*Nous avons beaucoup à dire là-dessus, et des choses difficiles à* expliquer, parce que vous êtes devenus lents à comprendre. Vous, en effet, qui depuis longtemps devriez être des maîtres, vous avez encore besoin qu'on vous enseigne les principes élémentaires des oracles de Dieu, vous en êtes venus à avoir besoin de lait et non d'une nourriture solide ».

Il donne une explication sans détour de la raison de cette lenteur à grandir dans sa première lettre aux Corinthiens 3 : 2 : « Je vous ai donné du lait, non de la nourriture solide, car vous ne pouviez pas la supporter ; et vous ne le pouvez pas même à présent, parce que vous êtes encore charnels ».

Après des années de conversion, les gens à qui s'adresse l'apôtre en sont encore au lait parce qu'ils sont plus charnels que spirituels !

Réfléchissons à ce qu'implique ce manque de croissance spirituelle en prenant exemple sur l'évolution naturelle de l'être humain.

Être au lait signifie être un nourrisson, dont l'ego par nature est démesuré. Il est en droit d'attendre du monde extérieur toute l'attention qui lui est due et n'a pas conscience du monde qui l'entoure.

Puis en grandissant, il apprend, quand on le laisse pleurer dans son lit ou que l'on ne répond pas à ses caprices, qu'il n'est plus le centre de ce monde dont il prend conscience. Plus tard, dans un processus de socialisation, il réalise que l'autre a des besoins tout aussi légitimes. Il doit alors apprendre à faire face à ses propres frustrations vis-à-vis de l'autre. Ces frustrations, qui sont un élément primordial de ses apprentissages, il devra les gérer tout au long de sa vie. C'est ça devenir adulte.

Spirituellement, il en va de même. Un chrétien qui reste au lait pense que le monde (ou l'église) tourne autour de lui et de ses besoins. Si cela peut se concevoir un certain temps, il ne peut en être ainsi à vie ! Le nouveau converti va devoir prendre de plus en plus d'autonomie afin que l'église puisse prendre soin de ceux qui arrivent, il va aussi arriver un temps où l'église va devoir compter sur lui pour aider à son fonctionnement. Et un jour ce sera à lui de devenir parent.

Quand je suis devenu papa, cela a été l'un des plus beaux jours de ma vie. Cela le deviendra pour chacun qui se détournera de sa quête puérile du bonheur pour devenir un objet de bénédiction pour les autres.

Dieu a prévu de nous accompagner vers cette maturité !

Vous avez dit pédagogique ?

« La loi de l'Éternel est parfaite, elle restaure l'âme ; le témoignage de l'Eternel est véritable, il rend sage l'ignorant. Les ordonnances de l'Éternel sont droites, elles réjouissent le cœur ; les commandements de l'Éternel sont purs, ils éclairent les yeux ».

Psaume 19 : 8-9

Il est évident en lisant ce verset que Dieu a fondé sa loi sur des principes spirituels qui sont porteurs de bénédiction. Nous trouvons tout au long de la Bible un concept intéressant. Si tu appliques ceci, alors cela arrivera. Voyons un exemple dans Josué qui reflète bien cette idée.

« Fortifie-toi seulement et aie bon courage, en agissant fidèlement selon toute la loi que Moïse, mon serviteur, t'a prescrite ; ne t'en détourne ni à droite ni à gauche, afin de réussir dans tout ce que tu entreprendras. Que ce livre de la loi ne s'éloigne point de ta bouche ; médite-le jour et nuit, pour agir fidèlement selon tout ce qui y est écrit ; car c'est alors que tu auras du succès dans tes entreprises, c'est alors que tu réussiras ». Josué 1 : 7-8

On retrouve la même idée dans les chapitres sur les « Bénédictions et malédictions » de Deutéronomes 28.

Quand nous lisons ce texte, nous pouvons y voir la mise en garde de Dieu de deux façons.

➤ Soit il est un despote qui nous mettrait en garde contre toute rébellion, nous menaçant des pires maux en cas de désobéissance.

➤ Soit un Père, pédagogue, qui veut faire comprendre à ses enfants que chaque action a des répercussions, et qui nous montre le chemin à prendre pour que ces répercussions soient des bénédictions plutôt que des malédictions.

Pour ma part je pencherai pour cette seconde hypothèse ! En effet, comment pourrions-nous considérer le Dieu qui s'offre lui-même en expiation de nos fautes comme un despote se vengeant de la désobéissance de ses enfants ? Ça ne cadre pas avec ce que nous avons établi au chapitre précédent.

Voyons comment un père, digne de ce nom, agit pour éduquer ses enfants. Je dis digne de ce nom, car il semble que cela soit de plus en plus difficile à trouver de nos jours, en tout cas selon les critères de Dieu. Jésus lui-même déclarait déjà il y a 2000 ans que nous étions de mauvais pères et il ne semble pas que cela se soit arrangé depuis ! Mais il disait aussi que malgré tout, nous étions capables de donner de bonnes choses à nos enfants.

Vous viendrait-il à l'esprit par exemple de marcher dans les rues de votre ville ou au milieu d'une foule avec votre enfant de 2 ans à vos côtés sans lui tenir la main ? Certainement pas ! Vous auriez en effet peur de le voir traverser la rue et de se faire renverser par une voiture, ou tout simplement de le perdre.

Je me souviens de mon fils cadet, à l'âge de deux ans. Il ne supportait pas qu'on lui tienne la main quand on marchait dans la rue. Souvent la seule solution pour moi était de le prendre sur mes épaules. Il cherchait en permanence à gagner sa « liberté », et moi conscient des dangers et de son incapacité à ce moment donné d'y faire face, je l'empêchais de prendre cette fameuse liberté. Cela amenait régulièrement des larmes, des caprices, des colères de part et d'autre, mais je ne cédais pas. Je prenais sa main dans la mienne et ne la lâchais pas. Parfois, s'il partait en courant, il se faisait réprimander et si cela ne suffisait pas, il pouvait même recevoir une fessée. Oui, oui… je dis bien une fessée !

Plutôt coercitif comme éducation ? Je sais que de nos jours, les grandes théories sur l'éducation bienveillante et sur l'expérimentation comme source d'apprentissage font de moi un « vieux réac » ! Mais je n'ai jamais accepté que mon fils de 12 kilos à 2 ans expérimente les principes des sciences physiques sous les roues d'une voiture d'une tonne !

En fait, il n'y a rien de despotique dans le fait d'être coercitif avec un enfant de deux ans. Le bon sens veut que nous le soyons. On va expliquer à l'enfant le pourquoi, lui expliquer les conséquences que peut entraîner la désobéissance. Mais si on l'aime véritablement, on va avant tout le mettre en sécurité. On va faire en sorte que jusqu'à ce qu'il soit en mesure d'appréhender l'ensemble de ces choses, il ne soit pas exposé au danger. Et pour cela on va poser des « interdits » !

Lors de ma formation initiale d'animateur social, nous avions eu un cours particulièrement intéressant sur la psychologie de l'enfant qui désobéit à une consigne. Le formateur nous expliquait qu'en fait, son but n'était pas de transgresser les limites, mais de les établir. Une fois un périmètre de sécurité défini, l'enfant pouvait alors sans crainte se mettre à évoluer au sein de celui-ci. Ce que beaucoup considèrent à priori comme une rébellion est en fait une exploration des limites. Celles-ci donnent à l'enfant un sentiment de sécurité primordial pour ses apprentissages et son épanouissement.

De fait, ne pas mettre de limites à l'enfant va créer un sentiment d'insécurité qui nuira à sa capacité de jouer et donc d'apprendre.

De même, la sanction, en cas de dépassements répétés de ces limites, lui permettra d'assimiler le principe même de causalité, fondamental à tout apprentissage.

Notre professeur nous avait aussi expliqué que de façon instinctive, l'enfant faisait confiance à l'adulte pour établir ces limites.

Cette confiance expliquait que les enfants n'étaient jamais rancuniers vis-à-vis de leurs parents pour ces limites et les sanctions qui pourraient advenir de leur franchissement.

Remettre en question ces principes, avec des éducations ultras permissives, hypothéquait sérieusement le développement de l'enfant et créait des personnalités centrées sur elles-mêmes, indifférentes ou presque à leur entourage.

Ceux que le psychologue Didier PLEUX nomme les « adultes tyrans » sont souvent ceux qui ont « bénéficié » de ce type d'éducation et ont été des « enfants rois ». Dans certains cas, extrêmes, mais pas si rares, ils peuvent devenir de véritables sociopathes[5].

---

[5] Les Adultes Tyran, Ed. Odile Jacob
Didier PLEUX dirige l'Institut français de thérapie cognitive. Il est l'auteur de plusieurs succès parmi lesquels : De l'enfant roi à l'enfant tyran, Peut mieux faire, Exprimer sa colère sans perdre le contrôle et Un enfant heureux.

Lorsque nous imposons des règles à nos enfants, nous favorisons leurs apprentissages et nous les préparons en fait à vivre avec les autres, au sein d'une société certes imparfaite, mais indispensable à l'avancée de l'individu tout autant que du groupe.

C'est exactement ce que le Père a fait en nous donnant la loi. Son seul but était de nous protéger, de nous bénir, de nous voir prospérer tant dans le domaine affectif, matériel que spirituel, jusqu'à ce que nous ayons acquis les principes et que nous soyons capables de les mettre en œuvre sans qu'Il n'ait à nous les imposer.

Rébellion ou avancement ?

Maintenant, vous conviendrez avec moi que si j'avais demandé à mon fils, quand il avait 14 ans, de me donner la main pour traverser la rue, celui-ci aurait éclaté de rire ! En effet, à 14 ans, il prenait le bus tout seul pour se rendre à l'école, il avait acquis les réflexes de sécurités nécessaires pour que l'on n'ait plus besoin de lui imposer cette règle qui avait toute son utilité lorsqu'il avait 2 ans !

Je me souviens moi-même combien je trouvais irritant, adolescent, quand on me traitait comme un enfant.

Ce qui témoigne d'une bonne compréhension de la parentalité chez quelqu'un consiste en sa capacité de discerner la saison dans laquelle ses enfants évoluent, et d'adapter les limites de leur liberté, et de leur responsabilité en fonction de cette saison.

Bien souvent, l'équilibre est difficile à trouver entre la joie de voir sa progéniture grandir et les frustrations que cela peut entrainer de la voir s'émanciper de plus en plus de nous. Tout comme il est difficile pour celui qui grandit de trouver sa place entre son besoin d'être protégé par l'adulte et son besoin d'autonomie.

Je pense que c'est à ces choses que Paul a pensé lorsqu'il donnait des conseils concernant les relations parents/enfants.

« Enfants, obéissez à vos parents, selon le Seigneur, car cela est juste. Honore ton père et ta mère (c'est le premier commandement avec une promesse), afin que tu sois heureux et que tu vives longtemps sur la terre. Et vous, pères, n'irritez pas vos enfants, mais élevez-les en les corrigeant et en les instruisant selon le Seigneur ». Éphésiens 6 : 1-4.

Dans la première partie de ce texte, concernant l'attitude des enfants à l'égard des parents, on distingue deux étapes. La première consiste à obéir, la seconde à honorer.

Nous sommes appelés dans une première période de notre vie à obéir à nos parents, sans poser de question. Nous sommes alors dans notre phase « d'apprentissage » et il n'est pas d'actualité de discuter leurs directives.

Cependant, en prenant de la maturité, nous devons apprendre à honorer nos parents en appliquant dans notre vie de tous les jours les principes qu'ils nous ont inculqués.

Voyons cela un peu plus en détail. Pour beaucoup, les 10 commandements sont l'essence même de la pensée judéo-chrétienne. Et pourtant, dès le commencement nous sommes dans l'incompréhension des mots ! Le Décalogue (en hébreu : עֲשֶׂרֶת הַדְּבְרוֹת) se traduit littéralement par : les dix paroles ! Dix paroles qui nous apportent la vie abondante que Dieu veut pour ses enfants, bien plus que dix commandements.

La première parole n'est d'ailleurs pas un commandement, mais une constatation, un fait : JE SUIS L'ÉTERNEL TON DIEU !

Tout le reste s'inscrit dans le fait que nous avons un Dieu éternel, qui ne varie ni ne change et qui est celui qui nous délivre ! *« Je suis l'Eternel, ton Dieu, qui t'as fait sortir du pays d'Égypte, de la maison de servitude »*.

Voyons maintenant l'une de ces paroles du décalogue, *« Honore ton père et ta mère afin de jouir d'une longue vie dans le pays que l'Éternel ton Dieu te donne »*. (Exode 20,12)

La mauvaise compréhension de ce passage conduit de nombreux chrétiens à une impasse. Comment en effet honorer un parent qui vit à l'opposé de ce que Dieu demande. J'ai moi-même souffert de l'incompréhension chronique de ce verset pendant des années.

Pourtant nous avons dans la Bible des exemples flagrants de désobéissance à ce commandement qui ne semble pas troubler Dieu plus que ça…

Juges 6, 27 : *« Gédéon prit dix hommes parmi ses serviteurs, et fit ce que l'Eternel avait dit ; mais, comme il craignait la maison de son père et les gens de la ville, il l'exécuta de nuit, et non de jour »*

Nous avons encore dans 2 chroniques 15, 16-19 un Roi, ASA, qui pour honorer Dieu est obligé de déshonorer (retirer l'honneur) sa mère, car son cœur était entier pour Dieu et il en résulte une grande bénédiction ! *« Le roi Asa enleva même à Maaca, sa mère, la dignité de reine, parce qu'elle avait fait une idole pour Astarté. Asa abattit son idole, qu'il réduisit en poussière, et la brûla au torrent de Cédron. Mais les hauts lieux ne disparurent point d'Israël, quoique le cœur d'Asa ait été en entier à l'Éternel pendant toute sa vie. Il mit dans la maison de Dieu les choses consacrées par son père et par lui-même, de l'argent, de l'or et des vases ».*

Dans notre mode de pensée dualiste, on a trop souvent confondu « honorer son père et sa mère » et les vénérer afin d'obtenir de Dieu « une longue vie dans le pays ».

On ne s'imagine pas être en mesure d'honorer quelqu'un si l'on remet en question ses faits et gestes. Cela donne vie à de nombreuses inepties.

Devions-nous soumettre pour honorer les autorités de Vichy qui livrèrent tant de juifs innocents aux nazis, ou plus tard celles qui ordonnèrent des massacres d'innocents dans les dures épreuves de la décolonisation ?

Devais-je honorer ma mère en lui donnant l'heure, la minute et seconde exacte de la naissance de mes enfants pour qu'elle puisse établir leur thème astral et les lier ainsi spirituellement ? J'ai refusé, et cela s'est fini en dispute, qui nous a conduits à refuser de lui confier nos enfants pendant les vacances pendant des années.

En fait, honorer et obéir sont deux choses bien différentes.

Le terme employé pour honorer (kavéd) dans ce passage, a pour sens littéral « donner du poids ».

En hébreu, l'honneur désigne donc la valeur « réelle » de quelque chose, estimé à son vrai poids. On peut aussi le traduire par : donner à quelqu'un sa juste place. Celle qui lui revient !

Le commandement, ou la parole peut donc se comprendre ainsi : honorer son père, sa mère, c'est reconnaître le juste poids de l'éducation reçue de nos parents.

Cela implique d'en faire une évaluation critique afin de reconnaître ce qui a été bon, moins bon, voire carrément mauvais, dans l'éducation reçue, sans condamner pour autant ceux qui nous l'ont transmise.

Ce droit d'inventaire envers son éducation, à la toise de la première parole, *« Je suis l'Éternel, ton Dieu, qui t'ai fait sortir du pays d'Égypte, de la maison de servitude »,* nous permettra de réajuster nos fonctionnements, comme l'ont fait Gédéon ou Asa en détruisant les idoles élevées par leurs parents.

Ceci aura pour résultat *« que nos jours se prolongeront dans le pays que l'Éternel, notre Dieu, nous a donné. »*

Mais sans une relecture de la Bible dans la perspective du mode de pensée établi par Dieu, nous ne pourrons ni comprendre ses enseignements ni lui plaire.

Revenons maintenant à un texte que nous avons vu précédemment. Matthew 19 : 8 : *« Il leur répondit : c'est à cause de la dureté de votre cœur que Moïse vous a permis de répudier vos femmes ; au commencement, il n'en était pas ainsi ».*

Il semble dans cet exemple que la loi mosaïque a été promulguée à cause *de la dureté du cœur de l'homme*, à l'encontre du principe du mariage tel que voulu par Dieu.

Comme pour notre éducation, nous avons un droit, ou un devoir, d'inventaire de ce que nous ont transmis les hommes concernant la loi et les principes de Dieu.

En effet, quand nous grandissons dans la foi et dans la parole de Dieu, nous nous apercevons régulièrement que certaines choses (concepts, théologies…) sont arrivées jusqu'à nous complètement perverties !

Parfois, nous les avons perverties nous-mêmes, pour les faire correspondre à nos attentes, à nos craintes, à nos émotions.

Nous devons impérativement arriver à un moment ou un autre à remettre l'ensemble de ces lois dans la perspective des principes et nous soumettre non plus aux lois, mais aux principes de Dieu.

La solution de Dieu !

Dieu a décidé d'inscrire dans nos cœurs les principes afin que nous ne les appliquions pas comme des lois, mais en connaissance de cause, car ces principes sont le fruit de notre nouvelle nature.

« Mais voici l'alliance que je ferai avec la maison d'Israël, après ces jours-là, dit l'Eternel : Je mettrai ma loi au-dedans d'eux, Je l'écrirai dans leur cœur ; et je serai leur Dieu, et ils seront mon peuple ».

Jérémie 31 : 33

Et pour que cela s'accomplisse, son plan était parfait, Il allait déverser sur nous son Esprit. *« Après cela, je répandrai mon Esprit sur toute chair ; vos fils et vos filles prophétiseront, vos vieillards auront des songes, et vos jeunes gens des visions. Même sur les serviteurs et sur les servantes, dans ces jours-là, je répandrai mon Esprit ».* Joël 2 : 28-29.

Il me semble important ici de bien saisir ce que nous dit ce texte de Joël pour bien comprendre ce qui se passe quand Dieu répand son Esprit. En effet nous pouvons y lire : « *Les aires se rempliront de blé, et les cuves regorgeront de moût et d'huile. Je vous remplacerai les années qu'ont dévorées la sauterelle, le jélek, le hasil et le gazam, ma grande armée que j'avais envoyée contre vous. Vous mangerez et vous vous rassasierez, et vous célébrerez le nom de l'Éternel, votre Dieu, qui aura fait pour vous des prodiges ; et mon peuple ne sera plus jamais dans la confusion. Et vous saurez que je suis au milieu d'Israël, que je suis l'Éternel, votre Dieu, et qu'il n'y en a point d'autre, et mon peuple ne sera plus jamais dans la confusion ».*

Lorsque le Saint-Esprit est déversé sur nous, il nous permet de rattraper les années où les sauterelles ont dévoré nos récoltes, autrement dit les années où nous avons subi les malédictions liées à la loi.

Deutéronome 28 « *… Mais si tu n'obéis point à la voix de l'Éternel, ton Dieu, si tu n'observes pas et ne mets pas en pratique tous ses commandements et toutes ses lois que je te prescris aujourd'hui, voici toutes les malédictions qui viendront sur toi et qui seront ton partage… Tu transporteras sur ton champ beaucoup de semence ; et tu feras une faible récolte, car les sauterelles la dévoreront* » !

C'est exactement ce qui s'est passé le jour de la Pentecôte. Dieu, en répandant son Esprit sur toute chair, inscrit ses principes (sa loi, pas celle de Moïse) dans nos cœurs, afin que nous soyons en mesure de la mettre en œuvre.

Il nous libère de la sentence en prenant le péché sur lui jusqu'à la croix, finissant ainsi l'œuvre pour laquelle Il a été incarné.

Ressuscité, Il retourne auprès du Père en nous disant que cela est mieux pour nous, car Il va nous envoyer son Esprit. Jean 16 : *« … Mais, parce que je vous ai dit ces choses, la tristesse a rempli votre cœur. Cependant je vous dis la vérité : il vous est avantageux que je m'en aille, car si je ne m'en vais pas, le consolateur ne viendra pas vers vous ; mais, si je m'en vais, je vous l'enverrai. Et quand il sera venu, il convaincra le monde en ce qui concerne le péché, la justice, et le jugement… Quand le consolateur sera venu, l'Esprit de vérité, il vous conduira dans toute la vérité ; car il ne parlera pas de lui-même, mais il dira tout ce qu'il aura entendu, et il vous annoncera les choses à venir »* !

Dès lors que Dieu a inscrit Sa loi dans nos cœurs, c'est là que nous devons chercher son regard sur les choix auxquels nous sommes confrontés quotidiennement. Et il est évident que sa sagesse, si nous la lui demandons, nous sera accordée.

Dans telle circonstance, dois-je appliquer la loi de telle manière, ou de telle autre ? Dois-je m'en tenir au fait que Jésus nous dit que le divorce n'est pas acceptable hors cas d'adultère quand une femme est battue par son mari ? Dois-je dire à un enfant de se soumettre à ses parents comme le préconise Paul, quand ces derniers l'envoient voler ? Dois-je dire aux gens de se soumettre aux autorités, puisqu'elles sont censées être établies par Dieu, quand celles-ci sont ouvertement opposées aux principes fondamentaux de l'évangile ?

La liste des questions de ce genre est infinie ! Et les réponses données dans le Corps de Christ sont souvent contradictoires ! Si nous cherchons des réponses simples dans la Bible, j'ai bien peur que nous ne les trouvions jamais !

J'imagine la tête que certains feront en lisant cela. La même tête que font mes étudiants lors de mon premier cours de la formation de disciples que je donne depuis des années. Celui-ci commence par une question suivie d'un débat.

« Sachant que selon l'évangile de Jean 8 : 44, le diable est le père du mensonge, un chrétien peut-il mentir quand les circonstances l'exigent » ?

En fonction du débat, souvent houleux qui suit, je prends parti du oui ou du non, avec comme unique but de mettre de l'huile sur le feu ! Quand l'un me dit en aucun cas, je demande ce qu'il ferait si en 1942, la Gestapo avait frappé à sa porte pour lui demander s'il cachait des juifs et qu'en tant que chrétien il en cachait effectivement une demi-douzaine dans sa cave ? Je ne peux pas mentir donc je les livre à la Gestapo ?

D'autre réponde : « oui, je peux mentir ! je ne vais pas dire à ma belle-mère que ses lasagnes sont immangeables quand elle me pose la question, sa lui ferait trop de peine » … Je leur demande alors si leur réponse vient de Jésus ou de leur désir d'être en bon terme avec quelqu'un quitte à maintenir ce dernier dans le déni, la médiocrité, hors du… salut !

Quand les discussions entre mes étudiants atteignent leur paroxysme, j'arrête le débat et je leur demande de noter sur un « Post'It » qu'ils colleront dans leur Bible :

« La Bible n'est pas là pour répondre à toutes les questions qui se présenteront dans ma vie ! Elle est là pour me faire connaître le Père, le Fils et l'Esprit, afin que je me laisse transformer par eux, et qu'ainsi, quelles que soient les circonstances, je puisse toujours amener la réponse que Dieu donnerait aux questions qui se poseront à moi ».

C'est en fait un travail personnel qu'il nous revient de mener avec beaucoup d'humilité. Quand nous le partageons, notre motivation devrait toujours être de conduire l'autre à effectuer ce même travail, afin de le voir grandir, sans nous sentir supérieurs à lui.

Romains 14 : 1-6 : « *Accueillez celui qui est faible dans la foi sans discuter ses opinions. L'un a la conviction de pouvoir manger de tout ; l'autre, qui est faible dans la foi, ne mange que des légumes. Que celui qui mange de tout ne méprise pas celui qui ne le fait pas, et que celui qui ne mange pas de tout ne juge pas celui qui le fait, car Dieu l'a accueilli. Qui es-tu pour juger le serviteur d'un autre ? Qu'il tienne bon ou qu'il tombe, cela regarde son seigneur. Mais il tiendra bon, car Dieu a le pouvoir de l'affermir. L'un fait une différence entre les jours, un autre les estime tous égaux. Que chacun ait dans son esprit une pleine conviction. Celui qui fait une distinction entre les jours le fait pour le Seigneur [et celui qui ne fait pas de distinction le fait aussi pour le*

Seigneur. Celui qui mange de tout, c'est pour le Seigneur qu'il le fait, puisqu'il exprime sa reconnaissance à Dieu. Celui qui ne mange pas de tout le fait aussi pour le Seigneur, et il est reconnaissant envers Dieu ».

En fait Paul tient à ce que nous comprenions que ces choses ne rentrent pas en compte pour ce qui est de notre salut. Il met en garde ses lecteurs contre la tentation de se sentir plus saint qu'un autre en pratiquant tels rites, liturgies, en nous imposant des interdits…

La définition du mot sanctifier selon le dictionnaire est la suivante : « Rendre quelqu'un saint, le mettre en état de grâce. Attribuer à quelque chose un caractère sacré, noble, exceptionnel, le placer au-dessus de tout ».

En lisant cette définition, nous réalisons qu'il s'agit de l'action de quelqu'un à l'égard de quelque chose ou quelqu'un d'autre et pas à l'égard de soi. Imaginez votre réaction si je décidais de me placer « au-dessus de tout » !

C'est pourtant ce que je fais si j'annonce me sanctifier en suivant la loi !

Le fait est qu'humainement, nous ne pouvions rien faire pour nous sanctifier. Seul Jésus pouvait le faire pour nous. Je peux marcher dans cette sainteté qu'Il m'a offerte, mais je ne peux en être la source, ni moi ni mon obéissance à la loi !

« C'est pour la liberté que Christ nous a affranchis. Tenez donc ferme dans cette liberté et ne vous placez pas de nouveau sous la contrainte d'un esclavage. Moi Paul, je vous le dis : si vous vous faites circoncire, Christ ne vous servira à

rien. Et j'affirme encore une fois à tout homme qui se fait circoncire qu'il est tenu de mettre en pratique la loi tout entière. **Vous êtes séparés de Christ, vous tous qui cherchez à être considérés comme justes dans le cadre de la loi, vous êtes déchus de la grâce.** *Nous, c'est de la foi et par l'Esprit que nous attendons la justice espérée ».*

Galates 5 : 1-5

Paul considère comme un fondement de la foi chrétienne le renoncement aux œuvres mortes. Il exhorte ses lecteurs à devenir des hommes mûrs et pense inutile de revenir sur des fondements aussi évidents que ceux-ci. *« C'est pourquoi, laissant l'enseignement élémentaire de la parole de Christ, tendons à ce qui est parfait, sans poser de nouveau le fondement du renoncement aux œuvres mortes, de la foi en Dieu, de la doctrine des baptêmes, de l'imposition des mains, de la résurrection des morts, et du jugement éternel ».* Hébreux 6 : 1

Mais amis, nous devons demander au Saint-Esprit de nous donner le discernement nécessaire pour vider nos vies de toutes les œuvres mortes qui les encombrent et qui souvent nous empêchent de faire l'œuvre de Dieu.

Il faut que nous apprenions à discerner ce qui est vil de ce qui est précieux. Nous voyons trop souvent des gens s'épuiser à porter des fardeaux inutiles qui leur sont imposés. Combien de jeunes convertis sont retournés au monde à cause des exigences fantaisistes qu'on leur a imposées à leur entrée dans l'église !

Vous avez dit bonnes œuvres ?

Bien sûr, le fondement des « œuvres mortes » posé, il nous revient de pratiquer de bonnes œuvres, tout en sachant qu'elles ne sont pas la cause de notre salut mais sa conséquence. Celles-ci ne peuvent se concevoir que dans la foi agissante par l'amour.

Il suffit pour s'en convaincre de lire l'épître de Jacques 2, 14 à 20 : « *Mes frères, que sert-il à quelqu'un de dire qu'il a la foi, s'il n'a pas les œuvres ? La foi peut-elle le sauver ? … Il en est ainsi de la foi : si elle n'a pas les œuvres, elle est morte en elle-même. Mais quelqu'un dira : toi, tu as la foi ; et moi, j'ai les œuvres. Montre-moi ta foi sans les œuvres, et moi, je te montrerai la foi par mes œuvres. Tu crois qu'il y a un seul Dieu, tu fais bien ; les démons le croient aussi, et ils tremblent. Veux-tu savoir, ô homme vain, que la foi sans les œuvres est inutile* » ?

Si comme Jacques, nous considérons que les bonnes œuvres sont la conséquence du salut, leur absence signifie que ce salut n'est peut-être pas activé en nous !

Parfois les gens pensent que s'imposer la pratique de bonnes œuvres est religieux. Je me permettrais ici de dire qu'ils ont tort !

Il y a des tas de choses que je m'impose tous les jours, sachant qu'elles sont bonnes pour moi, pour mon entourage, pour la communauté dans laquelle je vis, pour mon pays… pour la planète ! Et si je le fais, c'est par amour !

J'ai arrêté, par exemple, de fumer un paquet de cigarettes par jour, non pas parce que c'est un péché, mais parce qu'il était évident que je finirais par en mourir. Je l'ai aussi fait par amour pour mes enfants, afin qu'ils ne soient pas pollués par cette habitude et ses conséquences.

J'ai choisi de maîtriser mon caractère le jour où j'ai pris conscience que mon raisonnement charnel (il vaut mieux une bonne prise de bec que l'hypocrisie du non-dit) semait tristesse et angoisse dans ma famille et mes amis.

Je ne jette plus de papier dans les rues, je ne mens plus à l'administration, je boucle ma ceinture, je ne vole plus, je ne téléphone plus au volant, etc. par amour de mon prochain, mais surtout par amour pour Jésus.

« C'est ici mon commandement : aimez-vous les uns les autres, comme je vous ai aimés. Il n'y a pas de plus grand amour que de donner sa vie pour ses amis. Vous êtes mes amis, si vous faites ce que je vous commande ».

Jean 15 : 12-14

J'ai réalisé un jour qu'à chaque fois que j'abandonnais quelque chose que j'aimais, c'était une sorte de mort à soi. Arrêter de fumer a été douloureux.

Abandonner la sécurité que semblait me procurer ma colère encore plus. Enlever le masque que je portais de

« révolutionnaire justicier » m'a fait perdre ce que je croyais être mon identité.

De même, marcher dans la sainteté est un prix que j'ai accepté de payer…

« Que l'amour inspire toutes vos actions ».
1 Corinthiens 16 : 14

J'ai fait ces choses, j'ai donné ma vie, par amour pour mon ami. Son nom est Jésus !

Il est devenu mon ami en donnant sa vie pour moi. Et le jour où j'ai réalisé le prix qu'Il avait payé pour que je sois sauvé, j'ai aussi réalisé que ma vie ne m'appartenait plus. Alors je la lui ai donnée.

Je crois que chez beaucoup de gens le problème vient du fait qu'ils aient accepté d'inviter Jésus à entrer dans leur vie plutôt que de donner leur vie à Jésus.

Combien de fois ai-je vu des appels à l'évangile formuler ainsi :

« Je vais demander à tous de fermer les yeux, de baisser la tête… et maintenant, si dans le secret de votre cœur vous décidez d'inviter Jésus, levez la main… Avez-vous invité Jésus à souper… il frappe à la porte de votre cœur ! … etc. ».

Je suis désolé, mais ce n'est pas là l'évangile de Christ qui lui consiste en quelque chose de beaucoup plus radical !

Accepter de suivre Jésus dans sa mort pour être ressuscité avec lui ! Abandonner sa vie pour vivre ! Porter sa croix ! Paul nous dit :

« *C'est pourquoi, prenez toutes les armes de Dieu afin de pouvoir résister dans le jour mauvais et tenir ferme après avoir tout surmonté* ». Éphésiens 6 : 13

On est là pour se battre, payer un prix difficile, que ce soit dans nos émotions, dans notre vie physique ou matérielle, et même jusqu'à la mort.

Jésus nous le dit clairement, même si beaucoup refusent de l'entendre. « *Celui qui veut sauver sa vie la perdra… quiconque ne porte pas sa croix, et ne me suit pas, ne peut être mon disciple… quiconque d'entre vous ne renonce pas à tout ce qu'il possède ne peut être mon disciple… Alors on vous livrera à la persécution et l'on vous fera mourir ; vous serez détestés de toutes les nations à cause de mon nom…* » !

J'en entends certains dire en lisant ce que je viens d'écrire : « Si on prêche l'évangile et disant ça, personne ne se convertira » !

Je leur poserai la question suivante : à quel évangile les gens à qui vous avez prêché se sont convertis : le vôtre ou celui du Royaume ?

Pas étonnant alors que l'église reflète si peu aujourd'hui celle des premiers siècles.

Par la foi cette église a su résister à la persécution, par ses œuvres elle a su nous transmettre le Salut jusqu'à présent.

L'opposition que l'on rencontre souvent entre le salut par la foi ou par les œuvres vient en fait de la confusion que nous faisons régulièrement et que je vais tenter d'éclaircir au chapitre suivant.

Le Salut… ou (et) le Royaume ?

Régulièrement, lorsque je prêche le don gratuit du salut offert par Dieu uniquement sur la base de notre foi, les gens me répliquent :

« Ne savez-vous pas que ceux qui pratiquent l'injustice n'auront aucune part au royaume de Dieu ? Ne vous y trompez pas : il n'y aura point de part dans l'héritage de ce royaume pour les débauchés, les idolâtres, les adultères, les pervers ou les homosexuels, ni pour les voleurs, les avares, pas plus que pour les ivrognes, les calomniateurs ou les malhonnêtes ».

« Les œuvres de la nature humaine sont évidentes : ce sont l'adultère, l'immoralité sexuelle, l'impureté, la débauche, l'idolâtrie, la magie, les haines, les querelles, les jalousies, les colères, les rivalités, les divisions, les sectes, l'envie, les meurtres, l'ivrognerie, les excès de table et les choses semblables. Je vous préviens, comme je l'ai déjà fait : ceux qui ont un tel comportement n'hériteront pas du royaume de Dieu ».

1 Corinthiens 6 : 9 — Galates 5 : 19-20

« Tu vois bien ? » me disent-ils, que l'on ne peut pas être sauvé si on pratique ces choses. J'avoue craindre que de leur point de vue il n'y ait plus grand monde au ciel ! Si les ivrognes, ceux qui font des excès de table, les homosexuels, ceux qui sont dans l'impureté, les menteurs, ceux qui se querellent et créent des divisions… sont incapables d'obtenir le salut, qui pourra être sauvé ?

Un alcoolique ou un homosexuel peuvent-ils être sauvés tout en demeurant dans leur péché ? Je le crois en effet.

J'en vois certains préparer les pierres pour me lapider ! Alors, changeons la question : quelqu'un qui se querelle et qui crée des divisions dans l'assemblée peut-il être sauvé ?

Oui je sais la question doit faire mal vu le nombre de fois où nous pratiquons ces choses et j'en vois certains reposer les pierres qu'ils préparaient à ma première question…

En fait, je crois qu'il y a confusion entre deux concepts distincts : celui du Salut et celui du Royaume.

La Bible est claire : « *Quiconque croit en lui (Jésus) ne périsse point, mais ait la vie éternelle* ». Jean 3 : 16.

Quand on parle de la vie éternelle, on parle du Salut, pas du Royaume. On ne reviendra pas sur le principe fondamental du Salut par la foi !

Maintenant, hériter du Royaume est un tout autre concept. Essayons de le définir simplement.

Selon le dictionnaire, un royaume, est une nation dont le régime de gouvernance est la royauté et donc le chef de l'État est un roi.

Une nation quant à elle, est une multitude d'hommes, ayant la même origine, vivant dans le même État et sous les mêmes lois.

Le fait d'être citoyens d'un Royaume nous oblige donc à nous soumettre à un Roi, mais nous permet aussi de bénéficier de son système législatif.

Souvenez-vous : « *On était en train de l'attacher avec des courroies, quand il demanda à l'officier de service : Avez-vous le droit de fouetter un citoyen romain, et sans même l'avoir jugé ? Quand l'officier entendit cela, il courut avertir le commandant : sais-tu ce que tu allais faire ? Cet homme est citoyen romain. Le commandant se rendit aussitôt auprès de Paul et lui demanda : dis-moi, es-tu vraiment citoyen romain ? Oui, répondit-il. Moi, reprit le commandant, j'ai dû payer très cher pour acquérir ce titre. Et moi, dit Paul, je le tiens de naissance. Aussitôt, ceux qui allaient le torturer le laissèrent. Le commandant lui-même commença à s'inquiéter à l'idée qu'il avait bel et bien fait enchaîner un citoyen romain* ». Actes 22

Après avoir rendu à César ce qui lui appartient, réfléchissons à ce concept dans notre vie spirituelle. Quand nous parlons d'hériter du Royaume de Dieu, nous parlons de devenir citoyens d'un royaume dont le Roi est Dieu et dont nous devenons les sujets qui lui doivent soumission, mais qui ont aussi un certain nombre de droits.

Après nous avoir sauvés, Jésus nous invite à passer d'un royaume terrestre à un royaume divin. Il nous explique que ces deux royaumes sont régis par des principes complètement différents. Par exemple : *« Jésus leur dit : les rois des nations les maîtrisent, et ceux qui les dominent sont appelés bienfaiteurs. Qu'il n'en soit pas de même pour vous. Mais que le plus grand parmi vous soit comme le plus petit, et celui qui gouverne comme celui qui sert ».* Luc 22 : 25

Les lois du Royaume de Dieu sont complètement différentes de celles des hommes. Si nous voulons être au bénéfice de ce nouveau système législatif, nous devons aussi nous y soumettre.

Quand Jésus nous demande de nous aimer les uns les autres, d'aimer même nos ennemis, de devenir des serviteurs de ceux que nous serons appelés à gouverner, Il établit de nouvelles règles (lois) dans les relations entre citoyens de son Royaume.

Quand Il dit, guérissez les malades, chassez les démons, enseignez-leur tout ce que je vous ai appris, Il nous invite à mettre en œuvre ces lois.

Le fait d'être citoyen nous donne des droits, mais aussi des devoirs. Trop de chrétiens revendiquent leurs droits dans le Royaume sans en accepter les devoirs. Ils se plaignent ensuite que l'évangile ne fonctionne pas dans leur vie !

C'est à mon avis ce que Paul nous dit dans les deux versets qui ont ouvert ce chapitre. On ne peut pas hériter du bénéfice lié au Royaume sans se soumettre à ses principes. C'est pourquoi certains, même s'ils sont sauvés par la Grâce, n'hériteront pas des droits qui découlent du Royaume des cieux.

Vivre notre vie, sans tenir compte de ces principes, fait de nous des « sans-papiers » dans le Royaume.

On est là, on est « sauvé », plus de danger immédiat, mais on n'arrive pas à bénéficier des services sociaux, ni du droit de travailler, ni du droit au logement... parce qu'on n'est pas citoyen du pays.

Nous devons accepter que certains droits dans le Royaume de Dieu sont inhérents à notre soumission à ses principes.

Le principe de causalité.

Ou quand chaque action entraîne une réaction.

Le principe de causalité s'énonce ainsi : « Tout phénomène a une cause et toute cause a une conséquence ».

Comme l'écrit Spinoza : « D'une cause déterminée résulte nécessairement un effet et, inversement, si aucune cause déterminée n'est donnée, il est impossible qu'un effet se produise »[6]

J'ai souvent entendu des gens réfuter ce principe au nom de la Grâce de Dieu qui fait en sorte que ce dernier nous a acquittés de la punition qui aurait dû nous être appliquée. Nous étions pécheur et pourtant sauvés par la Grâce nous ne subirons pas l'enfer, prix de nos péchés.

Je suis désolé de contredire cette idée que l'on pourrait trouver confortable, bien qu'en aucun cas je ne remette en question le salut par la foi.

---

[6] (Baruch Spinoza, Éthique, « I, axiome 3 »)

Premièrement, nous l'avons vu précédemment, la conséquence de la chute a bel et bien était appliquée, à Jésus.

Deuxièmement notre salut est non seulement la conséquence du sacrifice de Jésus à la croix, mais aussi celle de notre foi en ce sacrifice.

Donc en aucun cas nous ne pouvons penser que la Grâce puisse annuler ce principe éternel qu'est la causalité. Nous pouvons lire pour nous en persuader les textes suivants.

« Jette ton pain sur la face des eaux, car avec le temps tu le retrouveras ; donnes-en une part à sept et même à huit, car tu ne sais pas quel malheur peut arriver sur la terre ».

Ecclésiaste 11

« Donne-lui, et que ton cœur ne lui donne point à regret ; car, à cause de cela, l'Éternel, ton Dieu, te bénira dans tous tes travaux et dans toutes tes entreprises ».

Deutéronome 15 : 10

« Celui qui a pitié du pauvre prête à l'Éternel, qui lui rendra selon son œuvre ».

Proverbes 19 : 17

« Celui qui sème l'iniquité moissonne l'iniquité ».

Proverbe 22 : 8

« Et quiconque donnera seulement un verre d'eau froide à l'un de ces petits parce qu'il est mon disciple, je vous le dis en vérité, il ne perdra point sa récompense ».

Matthieu 10 : 42

« Ne nous lassons pas de faire le bien ; car nous moissonnerons au temps convenable, si nous ne nous relâchons pas ».

Galates 6 : 9

« Car Dieu n'est pas injuste, pour oublier votre travail et l'amour que vous avez montrés pour son nom, ayant rendu et rendant encore des services aux saints ».

Hébreux 6 : 10

Il s'agit bien de texte de l'ancien et du Nouveau Testament, car les « Principes » du Royaume dépassent la barrière que nous avons voulu installer à tort entre ces deux parties de la parole de Dieu.

En ignorant ces principes, sous prétexte de la grâce, nous avons contraint le corps de Christ à subir depuis des siècles les conséquences de son ignorance. *« Mon peuple est détruit, faute de connaissance ; car toi, tu as rejeté la connaissance ».* Osée 4 : 6

Je voudrais vous partager ici une révélation que mon épouse et moi avons reçue et qui m'a conduit à une réflexion sur la causalité.

Depuis des années, nous voyons autour de nous des amis, dans l'église, mourir de cancer. Il s'agit pour tous ces cas de gens qui étaient de vrais chrétiens, nés de nouveau, amoureux du Seigneur, pleins de foi et d'assurance dans les promesses de Dieu de guérisons. Ces amis avaient avec eux des assemblées versées dans l'intercession et le combat spirituel. Des chaines de jeûnes et prières se sont organisées pendant des mois. Des paroles ont été reçues dans le sens de la guérison. Mais voilà, toutes ces personnes sont décédées !

Alors que nous étions en prière pour la dernière en date, une amie particulièrement chère à nos cœurs, mon épouse a reçu que la guérison ne venait pas à cause de la division. Pourtant, cette amie était certainement la personne la plus volontaire pour l'unité qui puisse être. J'avais même le sentiment que c'était parfois trop ! Je n'ai jamais vu quelqu'un aimer à ce point le corps de Christ dans son ensemble.

Soumis à l'Esprit dans notre intercession, nous avons creusé cette parole, jusqu'à ce que le Seigneur nous explique ce qu'Il nous disait :

« Ce n'est pas elle qui est en cause, mais le Corps en général. Il y a tant de division, de médisance, de paroles moqueuses, de mépris au sein du Corps que cela donne des droits à Satan pour distiller la maladie dans mon peuple et de la faire prospérer malgré vos prières ».

Ce principe nous est expliqué par l'apôtre Paul dans 1 Corinthiens 11 : 27-31 : « *C'est pourquoi celui qui mangera le pain ou boira la coupe du Seigneur indignement, sera coupable envers le corps et le sang du Seigneur. Que chacun donc s'éprouve soi-même, et qu'ainsi il mange du pain et boive de la coupe ; car celui qui mange et boit sans discerner le corps du Seigneur, mange et boit un jugement contre lui-même. C'est pour cela qu'il y a parmi vous beaucoup d'infirmes et de malades, et qu'un grand nombre sont morts. Si nous nous jugions nous-mêmes, nous ne serions pas jugés. »*

Que signifie : « qui mangera le pain ou boira la coupe du Seigneur indignement » ?

Le but de la Sainte Cène est de se souvenir de la chose la plus essentielle du passage de Jésus Christ sur notre terre. Cette chose n'est ni un enseignement ni une histoire de miracles. C'est le sacrifice rédempteur qu'il a accompli pour nous, tous ceux qui croient en lui, et cela est gratuit.

Paul nous met donc en garde contre le danger que représente le fait de mépriser ceux à qui s'adresse ce salut, alors que nous sommes nous-mêmes à son bénéfice. Il le dit précisément dans la suite du texte : *« Car celui qui mange et boit sans discerner le corps du Seigneur, mange et boit un jugement contre lui-même. »*

Paul nous déclare qu'il y a des malades et même des morts dans l'église à cause de notre incapacité à discerner le corps. De nouveau un principe de causalité qui de plus est pleinement au cœur du Nouveau Testament.

Nous pourrions prier pendant des siècles sans voir les promesses de Dieu se réaliser si nous ne tenons pas compte de ce principe. En fait Dieu ne peut tout simplement pas répondre à nos prières.

C'est pour cela qu'Il nous indique dès le départ que les promesses associées à son Royaume ne pourront pas être pleinement accessibles à ceux qui n'appliquent pas les principes établis de toute éternité.

C'est aussi pour cela que nos assemblées voient si rarement s'accomplir ces promesses : « *Voici les signes miraculeux qui accompagneront ceux qui auront cru : en mon nom, ils chasseront des démons, ils parleront des langues nouvelles, ils saisiront des serpents venimeux, ou s'il leur arrive de boire un poison mortel, cela ne leur causera aucun mal. Ils imposeront les mains à des malades et ceux-ci seront guéris* ». Marc 16 : 17-18

Un des principes qui souvent manque à l'appel dans nos églises est celui de …

Vivre par la foi !

Depuis des années, nous avons décidé, ma femme et moi de « vivre par la foi ». Je ne vous cache pas que j'ai souvent douté du bien-fondé de cette expression : « vivre par la foi » !

Si je devais me limiter à ce que les gens entendent généralement par-là (ne pas avoir un travail séculier), je crois que j'arrêterais immédiatement la rédaction de cette réflexion. Je veux simplement partager certaines réflexions utiles à notre propos.

Pour commencer, j'aimerais décortiquer avec vous cette expression. « Vivre par la Foi ».

Définition : « Vivre, c'est l'état d'être en vie, mais aussi la façon de laquelle on vit, comme se procurer les moyens de vivre, de se soutenir ou encore se conduire d'une certaine manière, se conformer aux usages ».

Définition : « La foi est l'attitude de l'homme qui accepte et tient pour vraies des réalités qui sont invisibles, ou incontrôlables. Elle est un acte par lequel l'homme s'en remet volontairement à Dieu, le reconnaissant comme bon, fidèle et capable de tenir ses promesses ».

Nous pouvons donc tenter de définir « Vivre par la foi » comme suit : « Vivre notre vie de tous les jours, tant au niveau de nos besoins matériels (corps), que de nos besoins affectifs (âme) et que de nos besoins spirituels (esprit), en nous conformant au fait que notre Dieu est bon, fidèle et capable de tenir toutes les promesses qu'Il nous a données dans l'alliance qu'Il a établie avec nous en Jésus son Fils »

De cette définition, nous pouvons tirer un premier fait qui me paraît primordial pour le corps de Christ. Nous sommes tous appelés à vivre par la foi.

Ce n'est pas l'apanage de quelques-uns qui seraient entrés dans une sphère spirituelle élevée, mais l'appel que Dieu lance à tous ceux qui veulent être des disciples de Jésus. Nous tous, qui sommes justifiés par lui sommes « juste » et donc appelés à vivre par la foi. *« Le juste vivra par sa foi »* Habacuc 1 :1-5, 2 :1-4

Dans l'épître aux Romains, Paul cite le prophète Habacuc, dans sa déclaration : *« En effet, c'est l'Évangile qui révèle la justice de Dieu par la foi et pour la foi, comme cela est écrit : le juste vivra par la foi ».* Romains 1 :15-17

Je tiens à ce sujet à signaler un détail qui a son importance dans mon propos. Habacuc ne dit pas que le juste vivra par « la foi », en général, mais par « sa » foi, la sienne qui lui est propre !

J'ai réalisé que durant les 25 ans de ministère à plein temps que nous avons vécu Cathy et moi, j'avais souvent compté (aussi) sur la foi des autres. Ce que nous ne sommes pas supposés faire.

Le cas le plus flagrant pour moi est notre séjour aux USA. Nous étions vraiment appelés par Dieu là-bas, mais après deux ans nous sommes rentrés, blessés, insécurisés et sans le sou ! Dieu m'a montré que j'avais plus mis ma foi dans le système américain pour nous soutenir et accueillir notre ministère que dans le Seigneur qui m'avait mandaté pour ce travail.

J'avais mis ma foi dans le fait que les gens vers qui j'étais envoyé allaient recevoir notre ministère. Cela n'étant pas le cas, j'ai alors douté du fait que nous étions appelés…

En relisant le livre de Jérémie, j'ai encore une fois constaté que lui non plus n'avait pas été reçu, écouté, suivi. D'un point de vue humain, il aurait pu se dire qu'il avait échoué dans la tâche que Dieu lui avait confiée puisque ses contemporains avaient fini par être déportés.

Mais ce qui fait le succès de notre travail n'est certainement pas le fait que les gens le reçoivent comme venant de Dieu, mais le fait que nous obéissions à ce dernier !

Or, pour obéir dans toutes circonstances et demeurer dans la paix, nous allons avoir besoin d'une foi indéfectible dans le fait que Dieu est *« bon, fidèle et capable de tenir ses promesses »*, mais aussi que ses projets pour nous sont merveilleux.

« En effet, moi, je connais les projets que je forme pour vous, déclare l'Éternel, projets de paix et non de malheur, afin de vous donner un avenir et de l'espérance. Alors vous m'appellerez et vous partirez, vous me prierez, et je vous exaucerai. Vous me chercherez et vous me trouverez, parce que vous me chercherez de tout votre cœur ».

Jérémie 29 : 11-12

Si nous réalisons que Dieu a de bons projets pour nous, et que de plus il est bon, fidèle et capable de tenir ses promesses à notre égard, nous sommes prêts pour la plus grande des aventures. Nous pourrons alors vivre à son service et finir la course dans une joie complète !

Le problème cependant, c'est que nous nous préoccupons plus de nos projets personnels, quand ce ne sont pas nos projets pour Lui, que de Ses projets pour nous.

Combien de fois ai-je déclaré vouloir faire la volonté de Dieu alors qu'en même temps je remplissais mon agenda de mes projets, pour lesquels je ne demandais pas son avis, mais seulement sa bénédiction !

Et si vivre par la foi, c'était avant toute chose accepter que Ses projets prévalent sur les miens, sur mes envies, sur mes « droits », sur ma sagesse…

Je ne dis pas que nous ne devons rien faire tant qu'un ange de trois mètres de haut avec des ailes en or ne vient pas nous parler. Je ne m'appelle, ni Gédéon, ni Marie ! Quand on trouve quelque chose de bien à faire, faisons-le sans attendre. Pas besoin d'un signe dans le ciel pour aimer son prochain ! Pas besoin d'une révélation pour travailler aux besoins de notre famille ! Pas besoin d'une prophétie pour être un témoin vivant de l'évangile ! Mais tout cela doit se faire en acceptant qu'à tout moment, Dieu puisse nous demander de tout laisser là et de le suivre.

« Aussitôt, ils laissèrent les filets et le suivirent » Matthew 4 : 20. Plusieurs dans les évangiles ont eu cette même réaction, tout lâcher et suivre Jésus. Certains ont abandonné leur travail, leur famille, leur bien-être. En fait tout ce qui faisait leur sécurité. Et Jésus ne leur promettait pas que les circonstances abonderaient dans leur sens, bien au contraire, Il leur promettait des persécutions !

À certains moments, ils étaient tout excités : *« Même les démons nous étaient soumis ! »* À d'autres ils étaient effrayés et perplexes : *« Maître, cela ne te fait rien que nous soyons en train de mourir ? »* À d'autre encore ils étaient dans l'incompréhension : *« Que Dieu t'en garde, Seigneur ! Cela ne t'arrivera pas. »* Et puis parfois dans le renoncement : *« Simon Pierre leur dit : je vais pêcher. Ils lui dirent : nous allons aussi avec toi. »*

Tous donnèrent leur vie pour le Royaume de Dieu. Tous acceptèrent que quel que soit l'issue de leur appel, ils avaient fait le bon choix en abandonnant leur vie à la foi qu'ils avaient en Dieu. En fait, tous, furent des hommes qui jusqu'au bout *« vécurent par la foi ! »* Je prie pour qu'ils soient pour chacun d'entre nous l'exemple à suivre.

Revenir à Dieu.

Ou l'Alyah de tout un peuple.

Alyah, un mot hébreu (עליה) signifiant ascension ou élévation spirituelle, est un terme dont on entend beaucoup parler ces derniers temps, tant dans les médias que dans l'église. Pour son sens le plus commun, il désigne concrètement l'acte d'immigration en Terre sainte (Eretz Israël, en hébreu) par un juif. Les immigrants juifs sont ainsi appelés Olim.

Au contraire, le fait pour un Juif d'émigrer en dehors de la Terre d'Israël, est appelé Yérida (ירידה) littéralement la descente.

Pour beaucoup de gens, en particulier les chrétiens, l'Alyah est un signe prophétique de la fin des temps. Dans la lecture d'Esaïe 11 : 11-12, nous pouvons en effet lire que Dieu a prévu de ramener son peuple sur la terre qu'Il lui a promise de façon irrévocable. *« Dans ce même temps, le Seigneur étendra une seconde fois sa main, pour racheter le reste de son peuple, dispersé en Assyrie et en Égypte, à Pathros et en Éthiopie, à Elam, à Schinear et à Hamath, et dans les îles de la mer. Il élèvera une bannière pour les nations, Il rassemblera les exilés d'Israël, et il recueillera les dispersés de Juda, des quatre extrémités de la terre ».*

Mon but ici n'est pas d'étudier cet aspect de l'Alyah du retour des juifs sur leur terre de façon politique ou même factuelle, mais de l'aborder sous un aspect spirituel.

L'Alyah, c'est la montée de tout le peuple, juifs et gentils, enraciné en Yeshoua, vers son Dieu !

En priant un jour avec mon épouse, nous avons reçu cette vision. Cathy voyait une colline élevée sur laquelle il y avait trois croix (celles de Golgotha ?) Mais ce qui était surprenant c'est le flot de gens qui se rendaient sur cette colline. Il semblait qu'il n'y aurait jamais assez de place, pourtant quand on s'approchait, on voyait qu'il y avait encore beaucoup de place… de la place pour tout le monde !

Quand elle m'a partagé ce qu'elle voyait, je voyais, à mon tour, deux colonnes de gens monter chacune d'un côté de cette colline et je le comprenais ainsi :

La croix centrale était bien évidemment celle de Christ, Jésus fils de Dieu, mort pour nos péchés et ressuscité ! Il n'y a de salut qu'en Lui selon l'Évangile dont se réclament les apôtres et dont je me réclame moi-même.

Cela est vrai pour les Juifs : « *Alors Pierre, rempli du Saint — Esprit, leur dit : Chefs du peuple, et anciens d'Israël, puisque nous sommes interrogés aujourd'hui sur un bienfait accordé à un homme malade, afin que nous disions comment il a été guéri, sachez-le tous, et que tout le peuple d'Israël le sache ! C'est par le nom de Jésus-Christ de Nazareth, que vous avez crucifié, et que Dieu a ressuscité des morts, c'est par lui que cet homme se présente en pleine santé devant vous. Jésus est la pierre rejetée par vous qui bâtissez, et qui est devenue la principale de l'angle. Il n'y a de salut en aucun autre ; car il n'y a sous le ciel aucun autre nom qui ait été donné parmi les hommes, par lequel nous devions être sauvés ».* (Actes 4 : 11-12)

Cela est vrai pour ceux des nations : *« Souvenez-vous que vous étiez en ce temps-là sans Christ, privés du droit de cité en Israël, étrangers aux alliances de la promesse, sans espérance et sans Dieu dans le monde. »* (Éphésiens 2.12)

Les deux autres croix sur cette colline représentaient par contre les croyants des nations d'un côté, et ceux d'Israël de l'autre, qui devenaient un seul peuple en faisant leur Alyah (leur montée) vers le sommet de cette colline pour revenir à leur Dieu.

Je sentais que le Saint-Esprit me disait que seul une remontée des Juifs vers leur Dieu, mais aussi de l'Église des Nations vers le sien, qui est le même depuis toujours, quoiqu'en aient pu penser des générations de juifs et de chrétiens, pourrait mettre en œuvre l'accomplissement de la Parole de Romains 11 : *« Eux de même, s'ils ne persistent pas dans l'incrédulité, ils seront greffés, car Dieu est puissant pour les greffer de nouveau. Si toi, tu as été coupé de l'olivier sauvage selon sa nature, et greffé contrairement à ta nature sur l'olivier franc, à plus forte raison eux seront-ils greffés selon leur nature sur leur propre olivier ».*

Il est vrai qu'aujourd'hui nous constatons une Alyah géographique et politique de plus en plus massive du peuple juif comme cela a été prophétisé tout au long de la Bible.

Cette Alyah est le signe que le temps vient pour l'église de Christ dans les nations de remonter aussi vers son Dieu. Je suis convaincu que le mouvement des Maisons de Prières, Burn 24/7, Tabernacle de David, etc. mettant en œuvre une autre dimension de l'intimité avec Dieu, Père, Fils et Esprit, font partie de cette Alyah de l'Église !

Il nous revient aussi de retourner vers sa Parole et de réviser certaines de nos théologies « adaptées » au fil des siècles. Pour cela nous devrons redécouvrir les racines juives de notre foi sans lesquels nous ne serons que des branches mortes à notre tour.

En quoi me direz-vous l'église a-t-elle besoin de retourner vers Dieu ? Nous sommes chrétiens, sauvés par la grâce et nés de l'Esprit, nous allons à l'église (ou nous prions dans nos maisons), nous avons en tout cas une relation personnelle avec Dieu.

Jésus pourrait peut-être bien nous faire la même réponse qu'il a faite à sa génération : « *Ils lui dirent : Abraham est notre père. Jésus leur dit : si vous étiez enfants d'Abraham, vous feriez les œuvres d'Abraham* » Jean 8 : 39.

En quoi sommes-nous si différents aujourd'hui que ces gens-là ? Je crois en fait qu'à chaque fois que l'homme est pris la main dans le sac, il nie !

« *Depuis le temps de vos pères, vous vous êtes écartés de mes ordonnances, vous ne les avez point observées. Revenez à moi, et je reviendrai à vous, dit l'Éternel des armées. Et vous dites : en quoi devons-nous revenir ? »* Malachie 3 : 7

Quand je partage avec les gens que je suis attristé du gouffre qu'il y a entre ma lecture de ce qu'est l'église dans le livre des Actes et ce que j'en vois aujourd'hui, la plupart du temps je n'ai pas de réaction, ou j'ai des explications un peu bizarres sur le fait que les miracles n'étaient là que pour les temps apostoliques… ou autres excuses du même acabit. Mais très rarement, j'ai vu les gens se remettre en question.

Nous sommes comme ces personnes qui essaient d'argumenter dans le livre de Malachie ! Nous nous sommes éloignés de Dieu, avons attristé l'Esprit, perdu de vue la raison d'être de l'église en lui substituant une sorte de club où l'on attend le retour de Jésus. Et nous nions qu'il y a un problème !

« Si mon peuple sur qui est invoqué mon nom s'humilie, prie, et cherche ma face, et s'il se détourne de ses mauvaises voies, je l'exaucerai des cieux, je lui pardonnerai son péché, et je guérirai son pays ». 2 Chroniques 7 : 14

Quand allons-nous comprendre ? Quand allons-nous aller vers le Seigneur avec un cœur contrit plutôt qu'avec de bonnes excuses ?

Nous clamons haut est fort que Jésus est Dieu et que nous lui appartenons. Nous nous appuyons sur des versets tels que celui-ci :

« Au commencement était la Parole, et la Parole était avec Dieu, et la Parole était Dieu. Elle était au commencement avec Dieu. Toutes choses ont été faites par elle, et rien de ce qui a été fait n'a été fait sans elle. En elle

était la vie, et la vie était la lumière des hommes. La lumière luit dans les ténèbres, et les ténèbres ne l'ont point reçue ». Jean Chapitre 1 : 1 – 5

Jésus est la Parole ! Jésus est Dieu ! professons-nous. Je suis pourtant éberlué de voir combien un grand nombre de chrétiens ignorent l'enseignement de base de Christ, la parole !

Ils sont capables cependant de défendre bec et ongles des « théologies » parfois loufoques sur la longueur légale des cheveux, des pantalons, des manches… et parfois dangereuses comme la théologie du remplacement, interdiction de Sainte Cène, de baptême, décidée par un pasteur, excommunication…

Certains passent des heures dans la Bible pour définir la date et l'heure du retour de Christ, d'autres pour justifier des comportements inacceptables dans leurs pratiques religieuses, d'autres encore pour justifier la faiblesse de l'église dans ce monde, l'absence de miracles, les malades et les morts au milieu de nous…

Cependant, le message le plus crucial de la Parole est piétiné jour après jour sans que personne ne s'en émeuve !

« Je vous donne un commandement nouveau : Aimez-vous les uns les autres ; comme je vous ai aimés, vous aussi, aimez-vous les uns les autres ». Jean 13 : 34

Au commencement était la Parole… Nous sommes tous d'accord pour reconnaître que ce premier verset de Jean nous parle de Jésus. Cette parole incarnée est venue pour s'offrir sur une croix. Comme dans la vision de cette colline que je décrivais au début de cet article, nous devons revenir (faire notre Alyah) vers la croix de Christ et mettre en œuvre cette grâce qui nous a été donnée.

Ne pas prendre en compte les racines juives de la foi chrétienne, c'est comme lire un livre de plusieurs milliers de pages en Mandarin pour une personne qui ne connaîtrait de la chine que le canard laqué !

Dieu a dit au peuple juif : « *J'établirai mon alliance entre moi et toi, et tes descendants après toi, selon leurs générations : ce sera une **alliance perpétuelle**, en vertu de laquelle je serai ton Dieu et celui de ta postérité après toi… Dieu dit : Certainement Sara, ta femme, t'enfantera un fils ; et tu l'appelleras du nom d'Isaac. J'établirai mon alliance avec lui comme une alliance perpétuelle pour sa postérité après lui* ». Genèse 17 : 7-19

On trouve ce terme perpétuel (en hébreu עוֹלָם, olam) 439 fois dans 414 versets de 34 livres du Premier Testament. (Je n'aime pas la notion d'Ancien Testament !

La définition de « perpétuelle » semble hélas échapper à certains. Je me permets donc de la redonner ici : « pour toujours, à jamais, existence continuelle, perpétuelle, éternelle, qui ne s'arrête pas, futur indéfini ou sans fin, l'éternité ».

Une des raisons qui ont poussé les chrétiens à s'éloigner des principes de Dieu est l'occidentalisation de l'évangile opérée par l'Empire romain. En effet, ce dernier fondé sur une vue du monde développée par les philosophes grecs, fonctionne sur un système binaire. L'idée de Platon est devenue le point de départ de toutes les formulations ultérieures de ce que l'on appelle aujourd'hui le dualisme.

Cette pensée fondamentale de l'occident n'arrive évidemment pas à intégrer une pensée basée sur un système trinitaire qui est le propre de toute la pensée hébraïque. En effet, comment faire rentrer la « trinité » dans un système à deux cases seulement ?

Pas étonnant dès lors que pour beaucoup de chrétiens occidentaux, le Saint-Esprit est plus une sorte « d'énergie » qu'une personne à part entière ! Les deux petites cases de notre système de pensée étant prises par le Père et le Fils… Pas étonnant non plus que la plupart confondent âme et esprit, car là encore, définir l'être humain comme trinitaire devient trop compliqué culturellement.

Cette pensée nous a conduits à croire que puisqu'Israël a rejeté Christ, Christ ne peut rien faire d'autre que de les rejeter à son tour. C'est tout noir, ou tout blanc ! Paul a dû lutter contre cette pensée comme nous l'avons vu plus haut. (Romains 11)

Aujourd'hui, nous lisons souvent la Bible dans nos assemblées en la détachant complètement de la culture et de la vision « trinitaire » de ceux qui l'on écrit. Souvent nous essayons de faire rentrer dans les cases de notre pensée (culturellement dualiste) une vision hébraïque du monde. Cela nous conduit soit à survoler les textes sans les comprendre, en renvoyant aux calendes grecques leur étude, soit à vouloir leur donner une signification qui colle à notre compréhension, mais qui n'a rien à voir avec la pensée de l'auteur (qui en passant est Dieu lui-même).

Pour conclure

Je suis conscient que beaucoup d'autres exemples auraient pu être donnés, d'autres aspects abordés et peut-être d'autres positions défendues. Je ne peux répondre à toutes les questions, tout simplement faute de réponses … et de temps. Il me faut donc mettre fin à ce livre.

Il me semble important de réaffirmer ici que si en aucun cas je ne mettrais en question le Salut par la Grâce seule, il n'en demeure pas moins que nos vies sont appelées à être transformées et que nous devions mettre en œuvre, ou à l'œuvre notre salut.

« Ainsi, mes bien-aimés, vous qui avez toujours obéi, non seulement quand j'étais présent, mais bien plus encore maintenant que je suis absent, mettez en œuvre votre salut avec crainte et profond respect ». Philippiens 2 :12

Cette absence de mise en œuvre amène aujourd'hui les gens à ne plus prendre au sérieux le corps de Christ. Mais en plus de cela, elle pousse de nombreux chrétiens à ne plus prendre la Parole de Dieu au sérieux. Tout est sujet au relativisme et le message en perd sérieusement en radicalité. Pourtant, c'est bien grâce à leur radicalité que Jésus, puis les apôtres, les premiers disciples, les martyres au cours des siècles, ont fait parvenir le message de l'Évangile jusqu'à nous.

Si cette radicalité ne peut en aucun cas se définir au travers du légalisme, comme nous l'avons vu tout au long de ce livre, elle n'en demeure pas moins un élément primordial de la vie chrétienne. Jésus nous invite à être radicaux, comme lui-même l'a été, jusqu'à la mort, promettant à ceux qui persévèrent jusqu'au bout le salut.

« Alors ils vous livreront pour être affligés, et ils vous feront mourir ; et vous serez haïs de toutes les nations à cause de mon nom. Et alors plusieurs seront scandalisés, et se livreront l'un l'autre ; et se haïront l'un l'autre ; et plusieurs faux prophètes s'élèveront et en séduiront plusieurs : et parce que l'iniquité prévaudra, l'amour de plusieurs sera refroidi ; mais celui qui persévérera jusqu'à la fin, celui-là sera sauvé ». Matthieu 24 :9-13

J'ai le sentiment que nous sommes entrés dans ces temps de la fin que nous décrit Matthieu. Déjà, de plus en plus de lois liberticides tentent de limiter la prédication d'un évangile biblique. On ne peut plus parler d'avortement, d'homosexualité, pourquoi pas de l'enfer … et bientôt une réforme de la loi de 1905 dans notre pays donnera plus de poids à ceux qui voudraient bâillonner les chrétiens. A force d'édulcorer le message, il en devient inaudible pour beaucoup. Sous prétexte de sécurité, on demandera à ceux qui ont soif de spiritualité, de se fondre dans une religion unique, acceptable par tous !

Nous nous devons d'être radicaux, mais pour un chrétien, être radicalisé ne signifie pas nous battre contre nos détracteurs, ou contre ceux qui nous semblent être nos ennemis.

Être radical, pour Jésus, Étienne, Pierre, Paul … Jean Hus, William Tyndale … c'était de donner leur vie pour la propagation de l'Évangile.

Je vois beaucoup d'énergie déployée de nos jours, par les uns et les autres, dans des combats souvent inutiles. Vouloir appliquer la loi mosaïque, les traditions catholiques, protestantes, évangéliques et autres, alors que nous ne faisons que peu d'efforts pour aimer notre prochain.

Ma prière, c'est que nous devenions tous des Daniel, prenant la ferme résolution de ne pas nous rendre impur, tout en assumant notre place dans la société. Prêt à risquer notre confort, nos relations, nos emplois, et même nos vies, pour rester fidèle à Christ.

Que nous devenions aussi des Josué en déclarant que quel que soit la décision des autres, nous continuerons à faire avancer le Royaume de notre Dieu.

Que nous devenions aussi des Paul pour déclarer comme lui que : « *Christ est ma vie, et la mort m'est un gain. Mais s'il est utile pour mon œuvre que je vive dans la chair, je ne saurais dire ce que je dois préférer.* » *!* Philippiens 1 : 21-22

Table des Matières

Du même Auteur :

Hors collection :

- ➢ Quand Il reviendra il me trouvera debout.
  Édition AC Diffusion 1995, épuisée.
- ➢ Je te bâtirai une Maison.
  Édition AC Diffusion 1998, épuisée.
  Réédité/révisé dans la Collection Passeport
- ➢ Poursuivi par ta Grâce
  Édition Vraiment Libre 2003

Collection Passeport :

- ➢ Passeport pour une nouvelle Identité
  en Christ !
  Deuxième édition chez BoD 2009/2017.
- ➢ Passeport pour une louange
  en Esprit et en Vérité
  Révision et Réédition chez BoD 1998/2018

Roman :

- ➢ J'étais ailleurs.
  Edition BoD 2015